LIEBLINGSPLÄTZE
zum Entdecken

So schmeckt
Oberbayern

HEIKE HOFFMANN

KULTUR

GMEINER

Besuchen Sie uns im Internet:
www.gmeiner-verlag.de

© 2018 – Gmeiner-Verlag GmbH
Im Ehnried 5, 88605 Meßkirch
Telefon 075 75/2095-0
info@gmeiner-verlag.de
Alle Rechte vorbehalten
1. Auflage 2018

Lektorat: Christine Braun
Satz: Mirjam Hecht
Bildbearbeitung/Umschlaggestaltung: Benjamin Arnold
unter Verwendung eines Fotos von: © Landhotel Moarwirt / Peter Raider
Kartendesign: Maps4News.com
Druck: AZ Druck und Datentechnik GmbH, Kempten
Printed in Germany
ISBN 978-3-8392-2338-3

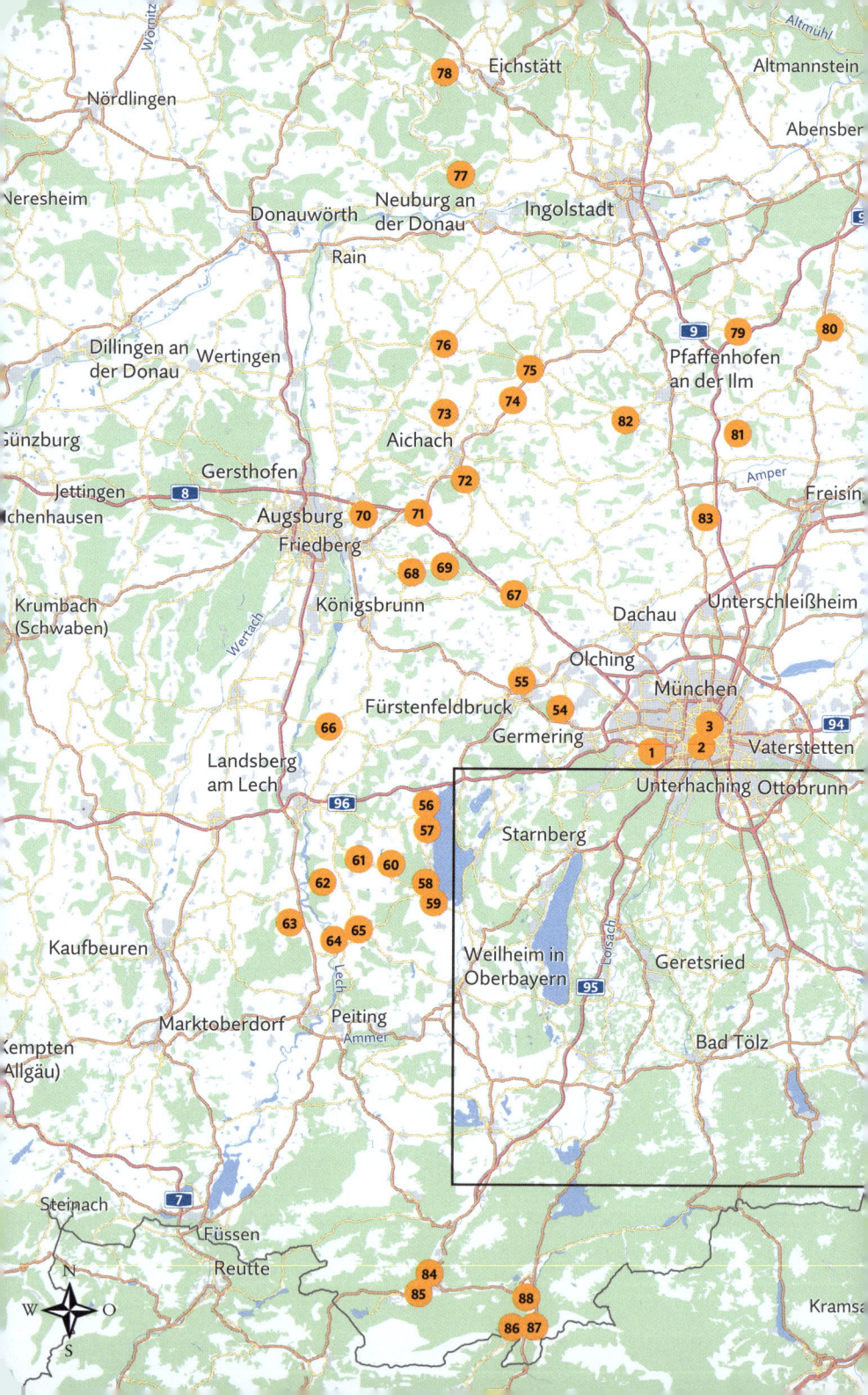

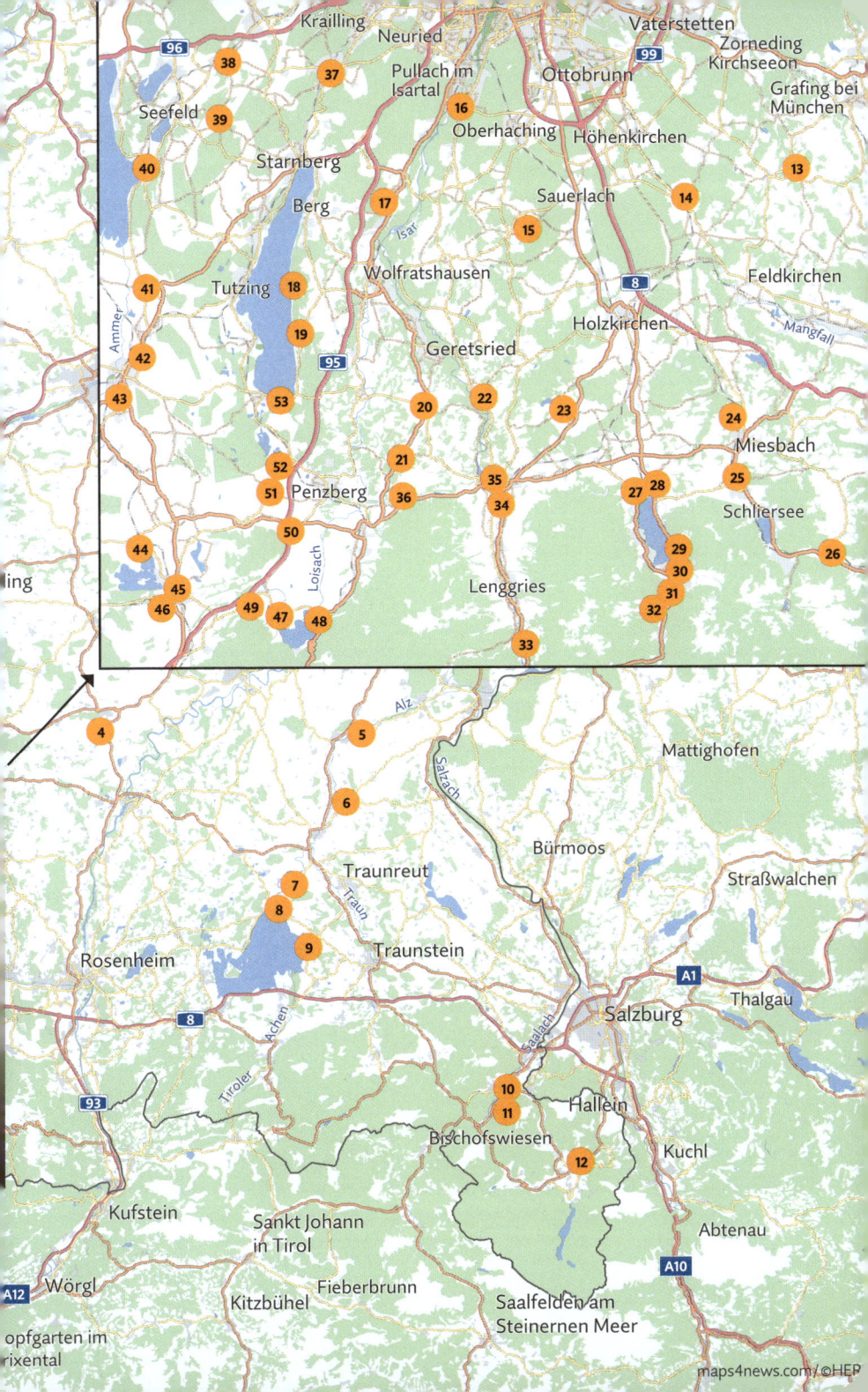

HADERNER BRÄU MÜNCHEN /// GROSSHADERNER STRASSE 16 ///
81375 MÜNCHEN /// 0 89 / 92 58 19 88 /// WWW.HADERNER.DE ///

MÜNCHENS ERSTES BIO-BIER
Haderner Bräu München

Es mag ja manchmal lästig sein, wenn insbesondere im Herbst eine Biene oder Wespe sich ins Bier verirrt oder gar den Genießer hektisch umschwärmt. Noch viel »lästiger«, nein, schlimmer ist aber die Tatsache, dass in vielen Gegenden bereits drei Viertel weniger Insekten vorkommen als noch vor zehn Jahren. Das mag – kurz gedacht – so manchen Biergartenbesuch vergolden. Langfristig gesehen, ist das Insektensterben eine große Katastrophe und wird bedeuten, dass wir in Zukunft, wie es in China schon geschieht, die Blüten der Obstbäume und Gemüse von Hand bestäuben müssen, weil keine Insekten mehr da sind, die diese Aufgabe gratis erledigen.

Was dagegen hilft: Bio-Bier trinken! Denn Bio-Bier besteht logischerweise nur aus biozertifizierten Zutaten, vom Hopfen über Weizen oder Gerste, deren Malz neben Wasser die wichtigsten Zutaten für Biere sind, jedenfalls für solche, die nach dem bayerischen Reinheitsgebot gebraut sind, das sich 2016 zum 500. Mal jährte. Beinahe erstaunlich allerdings, dass es so lange gedauert hat, bis in der selbst ernannten Bierhauptstadt München das erste Bio-Bier gebraut wurde. Denn erst vor wenigen Jahren fingen Thomas und Marta Girg an, im Münchner Ortsteil Großhadern naturtrübes Helles, Weißbier und Dunkles nach original Münchner Rezeptur zu brauen. Auch stylisches IPA (India Pale Ale) nach Craft-Bier-Manier gehört zum Sortiment. Lediglich zehn Hektoliter verlassen die kleine Biermanufaktur, unfiltriert, ohne Zusatz von künstlich zugegebener Kohlensäure und unter Verzicht auf jegliche Pasteurisierung oder gar thermisch-chemische Stabilisierung und Beschleunigung der Gärprozesse. Und selbstverständlich sind die Rohstoffe biologischen Ursprungs, frei von Glyphosat und Gentechnik.

☞ Wer selber Bier brauen will, besucht einen der Braukurse, die regelmäßig angeboten werden; zur Einstimmung ist die Teilnahme an einer der jeden Freitag stattfindenden Brauereibesichtigungen zu empfehlen.

TRADITION GANZ MODERN
München – Wirtshaus Der Pschorr

Der Pschorr ist jung, erst im Sommer 2005 wurde das moderne, dabei urgemütliche und auch irgendwie spektakuläre Gasthaus am Münchner Viktualienmarkt eröffnet. Hier weht frischer Wind, obwohl uralte Traditionen hochgehalten werden. Oder gar gerettet, denn der Inhaber Jürgen Lochbihler ist einer von denjenigen, die aktiv dazu beigetragen haben, das Murnau-Werdenfelser Rind vor dem Aussterben zu bewahren. Das Fleisch dieser Rinderrasse ist sehr feinfaserig und stark marmoriert, es besticht durch seine Zartheit und den ausgeprägten Geschmack. Der Wirt hält selber einige Tiere und steht in engem Kontakt mit den anderen Erzeugern. Wer bäuerliche Wurzeln hat, legt großen Wert darauf, dass möglichst alle Teile der Tiere Verwendung finden, nicht nur die noblen Stücke wie Filet oder Lende. In der Küche vom *Pschorr* werden daher ganze Tiere, »von der Nase bis zum Schwanz«, verarbeitet. Man findet Ochsenbackerl oder in Rotwein geschmorten Ochsenschwanz genauso auf der Karte wie geschnetzelte Rindernierchen oder Saures Lüngerl.

Hier wird alte, im wahrsten Sinne des Wortes gutbürgerliche Küche hochgehalten, wozu natürlich auch Suppen, resche Schweinshaxen oder niederbayerische Hausente gehören. Auch die Enten, wie sowieso die allermeisten Produkte, die in die Küche wandern, bezieht Lochbihler von Produzenten der Gegend. Zu den deftigen Fleischgerichten kommen auch leichtere Kreationen wie Hacksteak, gefüllt mit Ziegenkäse, Kalbsschnitzel mit gedünstetem Gemüse oder Maispoulardenbrust mit Kräutern. Vegetarier finden außer traditionellen Kässpätzle vegane Griesnocken oder im Strudelteig gebackenen Ziegenkäse mit frischen Salaten. Der Käse auf dem Brotzeitbrettl kommt von der Naturkäserei Tegernseer Land (Beitrag 31), die Wurst vom Metzger Petermichl (Beitrag 51) aus Antdorf.

✍ Zahlreiche Informationen über die heimische Rinderrasse sowie köstliche Rezepte unter www.murnauwerdenfelser.de.

KUNSTMÜHLE
JAKOB BLUM

HOFBRÄUHAUS-KUNSTMÜHLE /// NEUTURMSTRASSE 3 ///
80331 MÜNCHEN /// 0 89 / 29 42 22 /// WWW.HB-KUNSTMUEHLE.DE ///

HOFBRÄUHAUS MÜNCHEN /// PLATZL 9 /// 80331 MÜNCHEN ///
0 89 / 2 90 13 61 00 /// WWW.HOFBRAEUHAUS.DE ///

HIER IST DAS BROT NICHT FLÜSSIG!

München – Hofbräuhaus-Kunstmühle

Auf den ersten Blick mag sich mancher wundern – »Du wirst doch nicht das Hofbräuhaus als kulinarischen Tipp empfehlen«, hörte ich. Dazu ist zu sagen: Erstens speist man im Hofbräuhaus gar nicht so schlecht, zünftig-traditionelles Essen ist auch bei japanischen und amerikanischen Touristen beliebt. Im »berühmtesten Wirtshaus der Welt« legt man Wert auf gute Küche und – sehr lobenswert – traditionelle bayerische Gerichte wie gebratene Wollwürstl oder ofenfrischer Leberkäs mit hausgemachtem Kartoffelsalat. Und zweitens ist die *Hofbräuhaus-Kunstmühle* gemeint. Sie ist die einzige noch aktive Getreidemühle in München, das Gebäude steht unter Denkmalschutz. Der kleine Laden im Herzen der Stadt bietet köstliche Backwaren an, die so charmante Namen wie *Münchner Mundsemmel* oder *Münchner Biergebäck* tragen. Für Hobbybäcker ist der *Mehlladen* ein Pilgerziel. Neben frisch gemahlenen Mehlen, Gewürzen und Gewürzmischungen wie Fenchel, Koriander und Anis ist selbstverständlich Roggensauerteig erhältlich, ohne den ein bayerisches Bauernbrot nicht denkbar wäre.

Die historischen Gewölbe beherbergten lange Zeit die »königliche Malzmühle«, wo Malz zum Bierbrauen aufbereitet wurde. Schon in den 1870er-Jahren zog die Brauerei an den damaligen Rand der Stadt nach Haidhausen, die neue Großgaststätte, das heutige Hofbräuhaus, wurde errichtet. Die Malzmühle aber blieb bestehen, der Pfälzer Müller Blum erwarb das Gebäude, das die Bombenangriffe des Zweiten Weltkriegs fast unbeschädigt überstand. Heute mahlt hier Familie Blum in vierter Generation heimisches Getreide, darunter viel aus Bio-Anbau. Hochinteressant sind die Führungen, bei denen man viel über Mehlsorten und Brotbacken erfährt, dazu werden regelmäßig Backkurse angeboten.

🍞 Wenn Sie selber Brot backen: Versuchen Sie einmal Bierbrot und verwenden Sie kräftiges Bier statt Wasser für den Teig!

DRAX-MÜHLE /// HOCHHAUS 5 /// 83562 RECHTMEHRING ///
0 80 72 / 82 76 /// WWW.DRAX-MUEHLE.DE ///

»ES KLAPPERT DIE MÜHLE ...«
Rechtmehring – Drax-Mühle

Die Adressangabe mag ein wenig in die Irre führen, denn »Hochhaus« klingt ja schon seltsam, wenn man an eine traditionelle Mühle denkt. Doch das Rätsel ist schnell gelöst. Die *Drax-Mühle* befindet sich nicht in einem Industriegebiet, sondern am Hochhauser Bach. Schon seit 1534 besteht dort eine Mühle und durch die Kraft des Wassers wurden die Mühlräder angetrieben.

Im Jahr 1912 erwarb Karl Drax das Anwesen. Monika Drax führt die Mühle heute in vierter Generation und ist eine der wenigen Müllermeisterinnen in Deutschland. Über 50 bäuerliche Betriebe der Region bauen das Getreide an, das in der historischen Mühle verarbeitet wird, viele davon schon seit Jahrzehnten und immer mehr in Bioqualität. Der große Unterschied von Supermarktmehl zu Qualitätsmehlen beginnt schon beim Anbau und der Auswahl der Sorten. Nicht maximaler Ertrag unter Einsatz chemischer Düngemittel, sondern naturnaher Anbau bester, zu Unrecht an den Rand gedrängter Sorten, heißt die Devise. Denn gutes Mehl entsteht auf dem Feld. So wachsen Gelb- und Rotkornweizen, Hobbybäcker freuen sich über die seltene Sorte Manitoba, die aus Kanada stammt, und ganz besondere Aufmerksamkeit wird dem Urdinkel entgegengebracht. Zum richtigen Zeitpunkt wird das Getreide geerntet und anschließend äußerst sorgfältig gereinigt, um dann in einem ausgeklügelten 16-stufigen Mahlverfahren zu besten Mehlen verarbeitet zu werden.

Im Mühlenladen findet man Weizen- und Roggenmehl in verschiedenen Ausmahlgraden, dazu seltene Mehle wie Ruchmehl oder Alpenroggen, außerdem allerlei Backzutaten wie beispielsweise selten aufzutreibende Backmalze – das meiste übrigens auch in Bioqualität. Backformen, Gärkörbchen, Getreidemühlen, Kaffee, Gewürze, Dinkelkissen und Getreide-Kosmetika ergänzen das breite Angebot.

✍ Gute Nachricht für alle, die gerne in ausländischen Kochbüchern stöbern: Auf der Internetseite der *Drax-Mühle* steht eine Tabelle mit den wichtigsten Ausmahlgraden im Vergleich zum Download bereit.

ALZTALER HOFMOLKEREI /// HUTLEHEN 44 ///
84518 GARCHING AN DER ALZ /// 01 70 / 2 86 08 78 ///
WWW.ALZTALER-HOFMOLKEREI.DE ///

LEIDENSCHAFT, MUT UND SCHÖPFERGEIST
Garching an der Alz – Alztaler Hofmolkerei

Leidenschaft und Schöpfergeist sind immer im Spiel, wenn man beste Produkte erzeugen will. Franz Obereisenbuchner junior versteht außerdem etwas von der Milchverarbeitung, denn er ist Meister der biologischen Landwirtschaft sowie des Molkereifachs. Und Mut hat er, denn er beschloss, die Milch seiner Kühe nicht mehr an die Großmolkerei zu verkaufen, sondern selber zu verarbeiten. Also baute er eine Käserei, richtete sie ein und legte los.

Etwas vermeintlich Alltägliches wie Butter wird bei ihm zur großen Kunst. Selbstverständlich verarbeitet er nur sogenannte Heumilch. Die Sommermilch gibt besonders gute Butter, man schmeckt die Blumen und Kräuter heraus, die auf den ökologisch bewirtschafteten Flächen wachsen. Außerdem: Richtig gute Sauerrahmbutter ist inzwischen selten geworden, zu sehr haben sich die Geschmacksnerven an »süß« gewöhnt. Aus bestem, mild gesäuertem und langsam gereiftem Rahm entsteht täglich frische Butter. Ebenso köstlich ist das »Nebenprodukt«, die Buttermilch.

Auch Joghurt und viele Käsesorten verlassen die kleine Manufaktur. Fein der mild-würzige Alztaler Hofkäse mit Rotschmierkulturen, bisweilen mit Kümmel oder Bockshornklee gewürzt. Klassisch sind Rahm, Topfen oder der magere Bröseltopfen. Und auch wenn Franz Obereisenbuchner mit viel Liebe alte Handwerkskunst wiederbelebt, schaut der junge Käser gerne und mit Erfolg über die Grenze. Zu seinem Sortiment gehört deshalb Graukäse, der Magerkäse aus Tirol, ohne den eigentlich keine richtigen Kaspressknödel entstehen können. Aus Italien kommen die Rezepturen für Scamorza und Mozzarella. Zur Freude italophiler Genießer wird die Molke zu köstlichem und dabei sehr gesundem Ricotta verarbeitet.

Die Produkte sind auf vielen Wochenmärkten der Region und natürlich ab Hof erhältlich.

✎ Wer mehr wissen will: Die Molkerei bietet Käsekurse, in denen die Teilnehmenden Käse herstellen, sowie Käseseminare mit viel Information und natürlich Verkostung.

Natürlich wächst in Bayern kein Reis, zu kurz der Sommer, zu regnerisch obendrein. Doch die Vielfalt heimischer Getreidesorten ist groß. Eigentlich, meint Julia Reimann, die den Biohof *Chiemgaukorn* zusammen mit ihrem Partner Stefan Schmutz betreibt, ist es noch gar nicht so lange her, dass Getreide, Hülsenfrüchte und Ölsaaten wie Urdinkel, Braunhirse, Linsen oder Leindotter angebaut wurden, wohingegen heute häufig auf Mais und Weizen gesetzt wird. Die beiden Agrarökonomen, die sich beim Studium kennen- und lieben gelernt haben, stellten die alten Sorten auf den Prüfstand und überlegten, was Menschen, die sich gesund ernähren oder regionalen Bioanbau fördern wollen, genauso anspricht wie Feinschmecker.

Beluga-Linsen nämlich, die zarten, kleinen, dunklen Hülsenfrüchte, gelten als Delikatesse – nicht nur ihrer Form wegen bezeichnet man sie gerne als »vegetarischen Kaviar«. Oder auch der nussigaromatische Buchweizen, den sogar Sterneköche schätzen. Ihn zieren wunderschöne rosarote Blüten, die eine wichtige Nahrungsquelle für Insekten darstellen. Eine ökologisch-kulinarische Win-win-Situation sozusagen. Doch die Hamburgerin und der Chiemgauer bauen auch Ölsaaten wie Lein und den seltenen gelben Leindotter an. Diese werden, ebenso wie Hanf, in der eigenen Ölmühle durch Kaltpressung zu Speiseöl verarbeitet. Neben dem echten Urdinkel, der im Gegensatz zu anderen Dinkelsorten nicht mit Weizen eingekreuzt wurde, werden Emmer und Einkorn kultiviert. Daraus entsteht im eigens entwickelten Verfahren Bayerischer Reis. Augenzwinkernd weisen die kreativen Biolandwirte darauf hin, wie das behutsam geschliffene Getreide in der Küche verwendet wird. Die Produkte sind im Hofladen, im Biohandel oder im Onlineshop erhältlich.

✍ Ihre Lieblingsrezepte rund um Einkorn, Bayerischen Reis und Co hat Julia Reimann im Buch *Kochen mit regionalem Urgetreide* (Ulmer 2018) veröffentlicht.

CAMBA BIERERLEBNISWELT /// MÜHLWEG 2 ///
83376 TRUCHTLACHING /// 0 86 67 / 87 68 00 ///
WWW.CAMBA-BAVARIA.DE ///

CAMBA BAVARIA BRAUEREI /// GEWERBERING 3 ///
83370 SEEON /// 0 86 24 / 4 07 33 00 ///

Der Huber Sepp genießt den Sommer so: Eine Maß im Biergarten, das Zamperl (also der kleine Hund, klassischerweise ein Rauhaardackel) unter dem Tisch, Obazda, Brezen, dazu Radi und die Welt ist in Ordnung. Dass aber das bayerische Bier immer mehr von Computern anstatt von Braumeistern gemacht und zunehmend einem gleichförmigen internationalen Geschmack angepasst wurde, störte ihn schon lange. Brautradition und Handwerk müssten wieder gepflegt werden. Er vernahm immer häufiger den Begriff »Craft-Bier«, das fand er gut. Denn »Craft« bedeutet »Handwerk«. Doch dann trat Skepsis auf. Denn die oftmals jungen Craft-Brauer ließen zwar traditionelle urbayerische Biersorten wie Helles, Dunkles oder Weißbier in den Kesseln entstehen, doch sie blickten auch neugierig über die bayerischen Grenzen hinaus. IPA (India Pale Ale) oder Stout entstanden aus Hopfen und Malz. Das hätte der Huber Sepp ja vielleicht noch probiert. Dann aber hörte er, dass man Bier in Eichenfässern reifen lässt, Hopfen aus Tasmanien anstatt aus der Hallertau verwendet. In der Zeitung las er, dass nördlich vom Chiemsee ein Hubert Unterweger Milch ins Bier kippt. Er schüttelte entschieden den Kopf, faltete die Zeitung zusammen, nahm Zamperl Seppi und fuhr los. Er würde Beschwerde einlegen. So kann man doch mit dem bayerischen Nationalheiligtum nicht umgehen.

In Truchtlaching angekommen fand er die *Camba Biererlebniswelt* mit einer zünftigen Brauereigaststätte, wo es ofenfrische Schweinshaxen und urige Brotzeiten gibt. Er lernte die nette Biersommelière Daniela Hartl kennen, erfuhr vom Hubert, dass die Milch gar nicht direkt im Bier ist, und probierte. »Seppi«, sagte er zum Zamperl bei der Heimfahrt, »sog's ned weida, aba schlecht war's ned …«

🍺 Seit 2017 braut *Camba* im nahen Seeon über 50 Biersorten, die es im Brauereishop zu kaufen gibt. Brauereiführungen und Bierproben runden das Angebot ab.

Fischerei + Bootsverleih Kirchmeier

**FISCHEREI FLORIAN & MIRJAM KIRCHMEIER ///
TRAUNSTEINERSTRASSE 2 /// 83358 SEEBRUCK ///
0 86 67 / 6 07 /// WWW.CHIEMSEEFISCHEREI.DE/KIRCHMEIER ///**

Der Fischladen der Kirchmeiers gehört zu denen, die der Food-Journalistin und Ökotrophologin Eva-Maria Schröder am Chiemsee am besten gefallen. Charmant sei er und freundlich die Leute. Sie sammelte Rezepte der Fischersfamilien rund um den größten bayerischen See und veröffentlichte sie in einem Kochbuch.

Familie Kirchmeier befischte jahrhundertelang das Flüsschen Alz, das in Seebruck den Chiemsee verlässt. Als Nebenerwerb zur Landwirtschaft lieferte man Fische an das nahe Kloster Baumburg. Wegen der vielen Fastentage brauchten die Klöster damals reichlich davon, so dass dies ein einträgliches Geschäft war. Ende der 1960er wurde Heinrich Kirchmeier, Vater des heutigen Inhabers, in die Fischereigenossenschaft Chiemsee aufgenommen. Heute betreibt Sohn Florian mit Ehefrau Mirjam die Fischerei berufsmäßig im Vollerwerb. Auch am Chiemsee ist die Renke der sogenannte Brotfisch. Die zarten, meist nur um die 200 Gramm schweren Fische können auch im Sommer geräuchert angeboten werden – frisch und noch warm sind sie eine Delikatesse.

Aus der Küche von Mirjam stammt folgendes nachahmenswerte Rezept: Man raffelt Kartoffeln auf einer groben Reibe, arbeitet ein Ei darunter und schmeckt mit Salz, Pfeffer und Muskatnuss ab. Das Ganze sollte schnell geschehen, damit die Kartoffelmasse sich nicht dunkel verfärbt. Dann nimmt man die vollständig entgräteten Renken-Filets, würzt sie mit Salz und Pfeffer und stäubt sie mit Gries ein. Als Nächstes wird die Kartoffelmasse daraufgegeben und festgedrückt. Die so vorbereiteten Filets werden dann in reichlich Butter zunächst auf der Kartoffelseite vorsichtig angebraten. Dann dreht man sie auf die Hautseite und gart sie fertig. Dazu gibt es bei der Fischerfamilie Gemüse wie beispielsweise Spinat oder Brokkoli oder einen frischen Gartensalat.

🐟 Fast alle Fischereibetriebe rund um den Chiemsee sowie zahlreiche Rezepte stellte Eva-Maria Schröder in ihrem *Fischkochbuch vom Chiemsee* (Tutzing 2012) zusammen.

FISCHEREI IRMI WALLNER / THOMAFISCHER ///
MARKTSTATT 10 /// 83339 CHIEMING ///
0 86 64 / 2 31 /// WWW.THOMAFISCHER.DE ///

SONNENUNTERGANGSPLATZ MIT FRÜHSTÜCK

Chieming – Fischerei Irmi Wallner / Thomafischer

Der Urgroßvater von Irmi Wallner, der heutigen Thomafischerin, kam 1890 von Seebruck nach Chieming und erwarb den Hof des Thomafischers. Die Tradition der Fischerfamilie reicht aber bis 1587 zurück. Seit 2000 führt Irmi Wallner mit ihrer großen Familie die Fischerei mit dazugehörigem Laden in der nunmehr elften Generation.

Wer in Chieming Urlaub machen will, kann sich im Ferienhaus bei der quirligen Frau einquartieren. Gut, dass die Wohnungen mit Küchen ausgestattet sind, denn wenn man so nahe an der Quelle sitzt, kommen Fischliebhaber ins Schwärmen.

Im Laden ist die ganze Vielfalt der Chiemseefische über Renke, Aal und sogar Brachse erhältlich. Letztere ist ein zu Unrecht verschmähter Fisch. Sie hat zwar viele Gräten, aber ihr Fleisch besitzt ein unvergleichlich feines Aroma. Es ist fest und nussig, so dass sich das etwas mühsame Entfernen der Gräten wirklich lohnt! Selbstverständlich kann man die Fischerin darum bitten, gleich küchenfertige Filets herzurichten. Irmi Wallner ist auch eine geübte Räucherin, über Buchenrauch werden die Fische langsam und vorsichtig haltbar gemacht. Eine weitere Delikatesse ist eingelegtes Renkenfilet nach Matjes-Art, was in bayerischen Landen erst seit Kurzem den Nordseefischern abgeschaut wird und eine absolute Bereicherung darstellt. Fische, die am Ende des Tages nicht verkauft wurden, werden gebraten und in Zwiebelsud mariniert und so für einige Tage haltbar gemacht. Zu Bratkartoffeln schmecken die Bratrenken hervorragend. Die auf die eine oder andere Art zubereiteten Filets legt man abends schnell auf eine Semmel und genießt den Sonnenuntergang am Ufer des Sees so, als wäre man am Meer. Oder man wartet aufs Frühstück, zu dem selbstverständlich auch Räucherfische gereicht werden.

🖙 Sollte es geräucherte Brachsen geben, dann greifen Sie zu. Nur selten wird diese Köstlichkeit angeboten. Die Fische werden vor dem Räuchern so präpariert, dass die Gräten verschwinden.

CONFISERIE CAFÉ REBER /// LUDWIGSTRASSE 10–12 ///
83435 BAD REICHENHALL /// 0 86 51 / 6 00 30 /// WWW.REBER.COM ///

ENZIANBRENNEREI GRASSL /// SALZBURGER STRASSE 105 ///
83471 BERCHTESGADEN /// 0 86 52 / 9 53 60 /// WWW.GRASSL.COM ///

BAROCKE OPULENZ STATT »LIGHT«
Bad Reichenhall – Confiserie Café Reber

Eine halbe Million Mozart-Kugeln werden bei *Reber* täglich (!) hergestellt und in den Geschäften in Bad Reichenhall und Salzburg verkauft oder in die ganze Welt verschickt. Dass die runde Praline mit den vielen Schichten so erfolgreich ist, liegt an der handwerklichen Produktion und der Auswahl der Rohstoffe, die trotz ihrer hohen Zahl gewährleistet wird. Es ist ein Versprechen, das *Reber* seinen Kunden gibt – und hält: Ausschließlich hochwertigste und natürliche Zutaten werden verwendet. Der Kakao stammt aus nachhaltigem Anbau. Alle Produkte sind frei von Geschmacksverstärkern, von künstlichen Aromen, Farbstoffen, Konservierungsstoffen und genmanipulierten Rohstoffen. Es werden kein Palmfett und schon gar keine chemisch gebundenen Fette verwendet, sondern ausschließlich Butterfett und Kakaobutter. Viele Zutaten wie Sahne, Honig, cremiger Bergbauernjoghurt und Butter stammen direkt aus der Region.

Die Geschichte der Confiserie beginnt in München, als Konditormeister Peter Reber 1865 ein Café eröffnet, das bald zum Treffpunkt der Hautevolee wird. Später verzweigt sich der Betrieb nach Bad Reichenhall, wo sich inmitten der Alpenstadt bis heute der Hauptsitz des Betriebes und das inzwischen denkmalgeschützte Café befinden. Die Nähe zur Mozart-Stadt Salzburg im benachbarten Österreich mag mitgeholfen haben, dass dem Komponisten mit der Mozart-Kugel ein süßes Denkmal geschaffen wurde. Ein Glück für die Nachfahren, denn auch wenn in Café und Konditorei im jahreszeitlichen Wechsel über 50 Kuchen und Torten und vielerlei andere Schokoladen-Kreationen angeboten werden: Die Kugel mit ihrer barock anmutenden Verpackung bleibt das Markenzeichen, obwohl moderne Pralinenkreationen mit Füllungen wie Crème brûlée, Tiramisu, Amarettini-Krokant oder Espresso-Crisp auch eine Sünde wert sind.

🍫 Ebenso viel Tradition hat die *Enzianbrennerei Grassl* im nicht weit entfernten Berchtesgaden, der älteste Betrieb Deutschlands, der die Wurzel der Gebirgsblume destilliert.

EIN HOCHGENUSS

Bad Reichenhall – Bergrestaurant Predigtstuhl

Deftige Brotzeit auf dem Berg, das kennt und erwartet man. Aber gebeizten Bachsaibling mit Limonenmousse? Tomaten-Zitronengras-Suppe mit Bodenseezander, rosa gebratenen Hirschrücken mit Wacholder-Bergsalz und Kürbis-Paprika-Ragout oder geschmortes Bäckchen vom Kalb mit Trüffeljus? Als Dessert Nougatknödel in Nussbrösel mit Tonkabohneneis? Das dürfte in der Höhe eher selten angeboten werden.

Ganz zu Recht wirbt das Restaurant im historischen Gebäude der denkmalgeschützten Predigtstuhlbahn mit dem Satz: »Willkommen im Himmel«. Der Blick hinunter ins Tal, von der Kaffeeterrasse bei schönem Wetter, vom historischen Kaminzimmer oder auch von der Almhütte, ist legendär. Ganz klein scheinen unten all die Alltagsprobleme geworden zu sein. Man hat hier oben den Kopf frei und schaut der Sonne beim Scheinen oder den Wolken beim Treiben zu und genießt kreative Küche.

Selbstverständlich kann man sich den Hunger etwa für das 3-Gang-Menü, das jahreszeitlich wechselt, erwandern. Aber schön ist auch, dass zum Menü günstige Berg- und-Tal-Fahrten mit der Bahn angeboten werden. Dies gilt ebenso für den *Prosecco-Samstag* mit italienisch inspiriertem Antipasti-Buffet oder den Sonntagsbrunch.

Zu den kulinarischen Zielen auf dem Predigtstuhl gehört auch die urige Almhütte in der Schlegelmulde, die eine Viertelstunde zu Fuß entfernt liegt. Dort werden zünftige Brotzeiten bester Qualität aufgetischt: Blutwurstgröstl mit frischem Majoran, lauwarmer Krautsalat, Schnitzel oder Bratwürste. Für Vegetarier gibt es nicht nur Käsespatzen, sondern Risotto, Knödel in allen Variationen oder Flammkuchen mit Gemüse. Schleckermäuler genießen hausgebackene Kuchen, Apfelstrudel oder Eis. Günstige Kinderteller runden das Bergangebot ab.

⌖ Die 30-minütige *Panoramarunde* führt in leichter Steigung auf den Gipfel des Predigtstuhls und eignet sich auch für Personen ohne Bergerfahrung. Start ist an der Bergstation beim Bergrestaurant.

Christl und ihre Tochter Gabi Kurz machen seit vielen Jahren vor, dass vegetarische oder vegane Küche überhaupt nichts mit Verzicht oder gar Langeweile zu tun hat. Die Vielfalt ihrer Rezepte, das entspannte Umgehen mit »Genusssünden«, die Herzlichkeit und die große Kreativität und Sorgfalt beim Anrichten der Speisen überzeugen ganz sicher auch Nicht-Vegetarier.

Zum Repertoire ihrer Küche sowie der Kochkurse oder der zahlreichen Kochbücher gehören recht üppige Desserts, Kuchen, Marmeladen oder Pralinen. Die mehrgängigen Menüs, die im schönen Restaurant des über 500-jährigen Hotelgebäudes angeboten werden, stehen in Qualität und Kreativität so manchen Sterneküchen nicht nach. Auch dort spielt Gemüse inzwischen sehr häufig die Hauptrolle, Bioqualität ebenso, denn es kommt auf den optimalen Geschmack der Zutaten an. Verziert werden die Gerichte gerne mit essbaren Blüten, die direkt aus Garten oder Natur kommen. Beispiele der Gartenküche: Rote-Beete-Carpaccio, knackiges Gemüse im Würzgelee oder Zucchinisuppe mit Tomatennockerln als Vorspeise. Manche Gerichte sind vegetarische Interpretationen italienischer Klassiker wie Kürbis-Bolognese oder Rettich-Spaghetti. Bei Auberginen mit Couscous-Dattel-Füllung und Arabischer Tomatensauce mag die Tatsache eine Rolle spielen, dass Gabi Kurz die Küche in einem der besten vegetarischen Restaurants im arabischen Dubai leitet. Als Desserts schmeicheln beispielsweise Topfennockerl oder Limetten-Pannacotta mit marinierter Papaya dem Gaumen.

Wer sich auf den gesunden Genuss einstimmen will, sollte sich eines der uneingeschränkt empfehlenswerten Kochbücher des Mutter-Tochter-Duos anschaffen oder einen der Kochkurse besuchen. Im Restaurant wird alles frisch zubereitet, daher unbedingt reservieren!

✎ Etwas ganz Besonderes ist ein Dinner im Salzbergwerk Berchtesgaden. Nebenbei erfährt man allerhand über Salz.

DIE URHEIMAT DER BIOWURST

Glonn – Wirtshaus zum Schweinsbräu

Nach dem Umzug von Thomas Thielemann Richtung Tegernsee ist es etwas ruhiger um das *Wirtshaus zum Schweinsbräu* geworden, aber auch bodenständiger und preislich günstiger. Wer noch nie bei den Herrmannsdorfer Landwerkstätten war, einem ökologischen Unternehmen, zu dem das Wirtshaus gehört, sollte dort unbedingt in der schönen Jahreszeit hinfahren, denn das ganze Gelände und so mancher Bauernhof drumherum sind sehenswert. Auch lohnt es sich, eine der angebotenen Führungen zu verschiedenen Themen mitzumachen und viel über die Erzeugung ökologischer Lebensmittel zu erfahren.

Was Karl Ludwig Schweisfurth vor vielen Jahren begann, wird bis heute gelebt. Der ehemalige Besitzer von Herta-Wurst mutierte vom Saulus zum Paulus und wollte zwar weiterhin Fleisch und Wurst erzeugen, aber eben auf ökologische Art. Die Schweine werden in kleinen Gruppen gehalten, dürfen in der Erde wühlen und sich auf Stroh wälzen. Transportstress kennen sie nicht, denn die Metzgerei befindet sich auf dem Gelände. Delikate Würste können so ganz ohne Pökelsalz hergestellt werden, denn das Fleisch wird schlachtwarm verarbeitet.

Kein Wunder also, dass Wurst und Fleisch im *Wirtshaus zum Schweinsbräu* einen dominanten Platz auf der Karte einnehmen, zu genießen auch an der »ersten bayrischen Wurstbar«, die sich mitten in der Gaststätte befindet. Doch Liebhaber von Käse und Vegetarier brauchen das schöne Wirtshaus und den malerischen Biergarten nicht zu meiden: Von der Käserei stammen köstliche Käsesorten wie der *Alte Herrmannsdorfer,* der einem Gruyère nahekommt, und selbstverständlich gibt es Salate, Gemüse und vegetarische Hauptgerichte.

Die Karte passt sich der Jahreszeit an, ganzjährig angeboten wird jedoch der resche Bio-Schweinsbraten und dazu das hauseigene, süffige Schweinsbräu aus der eigenen Brauerei.

> In der Herrmannsdorfer *Handwerkstatt* finden regelmäßig Kurse rund um Lebensmittel statt, wie Wursten, Brezen- und Weißwürste-Drehen, Bierbrauen und Fleischzerlegen.

IM BIERGARTEN DER AYINGER PRIVATBRAUEREI LASSEN SICH
DIE BIERE BESONDERS GENIESSEN.

EIN BIERGESAMTKUNSTWERK
Ayinger Privatbrauerei

Als typisch bayerisches Dorf gilt: in der Mitte die Kirche, daneben der Gasthof, der Biergarten, ein »besseres« Restaurant, ein lauschiger Kastaniengarten, ein schönes Heimatmuseum und dann natürlich – die Brauerei.

Genau so ist's in Aying. Es gibt Leute, die behaupten, Aying sei das bayerischste Dorf überhaupt. Die Brauerei befindet sich seit Generationen in den Händen der Familie Inselkammer, der junge Franz hat die Leitung vom Vater übernommen, der selbstverständlich auch Franz heißt. Franz junior ist in diese Welt offensichtlich klug und ohne Druck eingeführt worden, denn wenn man ihn fragt, ob er gerne der »sechste Bräu zu Aying« ist, dann strahlt er und man merkt: Etwas anderes könnte er sich gar nicht vorstellen. Das bedeutet aber nicht, dass in Aying die Zeit stehen geblieben wäre. Man betreibt zertifiziertes Umweltmanagement und verbietet Glyphosat. Der eigene Anbau von Braugerste oder zumindest der Bezug derselben von Landwirten der Umgebung wurde hier schon praktiziert, lange bevor »regional« zum Zauberwort wurde.

Die Ayinger Biere lassen sich vorzüglich im Bräustüberl, in der Bauernstube oder im herrlichen Biergarten zur zünftigen Brotzeit oder zum Schweinshaxerl vom nahen Bauern genießen. Ein gepflegtes Pils kann aber auch einen ausgezeichneten Aperitif darstellen, bevor man im brauereieigenen Restaurant *August und Maria* gleich gegenüber edelbayerisch oder mediterran speist. In Spaziergangnähe des S-Bahnhofs lädt der Biergarten des romantischen Gasthauses *Kastanienhof* zum Verweilen in der bayerischen Sonne ein. Im hübschen Laden der Brauerei können die Ayinger Biersorten und manches Accessoire rund um den Gerstensaft erworben werden. Und danach gehört man auch zu denen, die sagen, Aying sei das bayerischste aller Dörfer!

🍺 Der *Bräukirta* ist ein wundervolles Bierfest. Es findet jedes Jahr am Wochenende nach dem Münchner Oktoberfest statt, mit Musik, Bierzelt, Handwerkermarkt und natürlich gutem Essen und Bier.

Himbeergeist

40 % vol.   0,35 l

Martin Kiendl - Brennerei
82054 Großeichenhausen
bei Sauerlach
Tel. 08104 / 9754
www.schnapsweber.de

Himbeergeist

40 % vol.   0,1 l

Martin Kiendl - Brennerei
82054 Großeichenhausen
Tel. 08104 / 9754
www.schnapsweber.de

0,1 l

BRENNEREI & KELTEREI MARTIN KIENDL ///
EICHENHAUSENER STRASSE 43 /// 82054 GROSSEICHENHAUSEN ///
0 81 04 / 97 54 /// WWW.SCHNAPSWEBER.DE ///

HOCHPROZENTIGE VITAMINE

Großeichenhausen – Brennerei & Kelterei Kiendl

Schon seit Generationen wird auf dem Weberhof der Familie Kiendl Schnaps gebrannt, doch erst der Martin, meint die Mutter, die tatkräftig mithilft, hat sich damit intensiver beschäftigt. Obstler und Williamsbrand aus Früchten der eigenen Streuobstwiesen gab es immer schon, doch heute findet der Besucher eine erstaunliche Vielfalt von Sorten – die Ideen für immer weitere scheinen Martin Kiendl nicht auszugehen. Es gibt einen Kriecherlbrand aus Wildpflaumen der Gegend, Kirschengeist oder einen Brand aus Weinbergpfirsich. Der Apfelbrand wird im Eichenfass ausgebaut, die Streuobst-Zwetschge reift ungefiltert ebenfalls dort und erhält dadurch eine tiefdunkle Farbe und einen atemberaubenden Körper, den Genießer überaus schätzen. Auf die Frage, wie denn Topinambur-Brand schmeckt, lacht Martin Kiendl: Scheußlich, aber er hilft der Verdauung auf die Sprünge. Wer's etwas milder mag, genießt *Weberzotti*, einen milden Kräuterbitter.

Die Bandbreite der Liköre ist ebenso vielfältig: Neben Schlehen-, Apfel-Holunder- oder Rhabarber-Erdbeer-Likör bietet Martin Kiendl auch Likör aus Mandarinen, Weinbergpfirsich oder Walnüssen mit Sahne. Im Winter wärmt ein Bratapfel- und ein Zweigelt-Likör, letzteren gibt es auch in einer leichteren, weniger süßen Sommervariante.

Am Weberhof wird außerdem Apfel- und Birnensaft gepresst. Wer eigenes Obst hat, kann die kiendlsche Lohnsafterei nutzen; schon ab einem halben Zentner bekommt man den Saft der eigenen Früchte. Selbstverständlich kann man den naturtrüben, reinen Saft auch kaufen. Eine Besonderheit wiederum sind die *We-Bärli:* Der umtriebige Martin hat einen Hersteller gefunden, der für ihn Gummibärchen auf der Basis des eigenen Fruchtsafts herstellt.

🍸 Verwenden Sie den Bratapfel-Likör, um ein weihnachtliches Dessert abzurunden. Mit ihm abgeschmeckt wird besonders Apfel-Blaukraut zur winterlichen Delikatesse.

ÖKOLOGISCHER RITTERSCHLAG
Grünwald – Restaurant Alter Wirt

Grünwald ist ein historischer Nobelvorort Münchens, am Isarhochufer gelegen. Schöne alte Villen stehen da in großen Gärten. Man summt das Lied der »oidn Rittersleut« vor sich hin, die hier »gehaust« hätten. »Vor gar nix graust« hätt's denen, so das Lied weiter. Karl Valentin machte Grünwald mit seinem Lied bekannt. Heute ist zwar nicht mehr das Lied, dafür aber das ausgezeichnete Essen des Hotel-Restaurants *Alter Wirt* in aller Munde. Hinter den trutzigen Mauern des historischen Gebäudes »haust« man sehr bequem, und die Speisen lösen das glatte Gegenteil von »grausen« aus.

Das geschichtsträchtige Haus wurde von den Besitzern mit viel Respekt vor der Historie nach baubiologischen Kriterien umgebaut. Aus heimischem Holz sind die Möbel, aus geölter Kastanie die Böden, das müde Haupt legen die Gäste in Naturbetten mit Ökobezügen. Gut ausgeschlafen genießt man das opulente Biofrühstück. Das Restaurant steht für jedermann offen, nicht nur für Hotelgäste – und es bietet viel, sehr viel. Beinahe hätte ich die Entscheidungsschwierigkeiten vergessen, in die mich die opulente Karte vom *Alten Wirt* gebracht hat, und wie ich schließlich mit Antipasti im Balsamicogelee und einer gefüllten Landgockelbrust glücklich wurde. Jedes Gericht, lese ich auf der Speisekarte, hat eine Geschichte. »Sie beginnt bei den Menschen, von denen wir unser Fleisch, unseren Fisch oder unser Gemüse beziehen. Sollen wir mehr erzählen?« Fragen über die Herkunft der Zutaten sind also ausdrücklich erwünscht. Nebenbei erhält man auf diese Art so manchen Geheimtipp für den eigenen Einkauf in der Region. Hier wird nicht nur auf bio geachtet, sondern auch auf allererste Qualität, zur großen Freude von allen, ob Ritter oder nicht …

✐ Von Zeit zu Zeit werden geführte Kräuterwanderungen durch das Isartal und so manch andere kulinarische Events angeboten. Infos erhalten Sie auf der Homepage des Restaurants.

NICHT NUR FÜR EDELMÄNNER
Irschenhausen – Landgasthof Rittergütl

Richard Weiß, Inhaber und Chefkoch des Landgasthofes *Rittergütl,* hätte man noch vor ein paar Jahren als kochenden Globetrotter bezeichnen können. Doch mit der Übernahme des väterlichen Betriebes hat er seinen festen Platz inmitten der Dorfgemeinschaft gefunden.

Wer den sympathischen Besitzer des gemütlichen und für seine Sonnenaussichtsterrasse bekannten Restaurants in Irschenhausen nach seinem Lebenslauf befragen möchte, sollte sich Zeit nehmen, denn die Wege des deutsch- und englischstämmigen US-Amerikaners führten ihn schon um die halbe Welt. Geboren in Amerika, nach der Trennung der Eltern bei der Mutter und den Großeltern in England aufgewachsen, zog er als 17-Jähriger zur Koch-Ausbildung nach Deutschland in die Nähe des Vaters, um nach erfolgreichem Abschluss als Saisonkoch auf einem renommierten Kreuzfahrtschiff um die Welt zu reisen. Doch im idyllischen 600-Seelen-Dorf Irschenhausen scheint er angekommen zu sein. Mit der Übernahme des *Rittergütls* schloss sich für ihn der Kreis.

Jetzt genießen Einheimische und »Zugroaste«, Kunden von nah und fern die unkomplizierte, dabei abwechslungsreiche Küche des Restaurants. Denn im *Rittergütl* finden Gäste nicht nur den weithin bekannten Schweins- oder Spanferkelbraten mit Knödeln und Blaukraut, sondern auch viele leichte Gerichte mit (inter)nationaler Note. Dem weit gereisten und dennoch bodenständigen Wirt und seiner Belegschaft liegt es zudem besonders am Herzen, dass sich jeder, egal ob jung oder alt, mit Motorrad, Fahrrad oder Auto angereist, ob mit großem oder kleinem Geldbeutel, wohl in seinen Räumen fühlt. Und nicht nur dort: Der Biergarten bietet besonders an Föhntagen einen herrlichen Blick über die Landschaft bis hin zu den Bergen.

✎   Das Wasser der hier noch sehr jungen Isar speist in der Pupplinger Au die Teiche der *Fischzucht Aumühle;* hier kann man geräucherte und frische Fische kaufen und nebenan gekonnt zubereitet verspeisen.

VOM SEE IN DEN GARTEN
Ammerland – Fischerei & Bootsverleih Sebald

Der Starnberger See, Oberbayerns zweitgrößter See, ist durch seine Nähe zu München ein beliebtes Ausflugsziel. Eine Radtour rundherum ist vor allem unter der Woche empfehlenswert, wenn wenig Leute unterwegs sind. Denn dann bietet der Radweg unmittelbar entlang des Sees herrliche Ausblicke übers Wasser bis hin zu den Alpen.

Fischliebhaber sollten unbedingt eine Pause in Ammerland einlegen und die *Fischerei Sebald* besuchen. Hier gibt es im kleinen Laden eine herrliche Auswahl an Fischen aus dem See, zusätzlich von Fischzuchten entlang von Loisach und Isar, deren Wasser die Teiche speist. Sogar das eine oder andere Meeresgetier bereichert das Angebot. Besonders erwähnenswert sind die hausgemachten Fischsalate, Fischsülzen, Aufstriche und Räucherfische. Die wiederum bekommt man auch auf einer reschen Semmel oder portionsweise auf Tellern, mit denen man sich dann – nebst Getränk – im wunderschönen Garten auf der Wiese unter Obstbäumen niederlassen kann. Mit etwas Glück gibt's Fischpflanzerl, die innen leicht und fluffig, zart-aromatisch gewürzt und außen kross daherkommen, eine völlig unterschätzte Köstlichkeit. Noch glücklicher werden Liebhaber von mariniertem rohem Fisch sein, wenn Limetten-Renke angeboten wird.

Das Rezept dazu findet sich im Kochbuch der fischbegeisterten Autorin Eva-Maria Schröder aus Tutzing. Schon vor ihrem *Fischkochbuch vom Chiemsee* (Beitrag 8) sammelte sie Rezepte der Fischerfamilien rund um den Starnberger See und schloss damit eine Lücke. Egal ob es sich um alte Traditionsrezepte wie *Forelle blau* handelt, die heute nur noch wenige zubereiten können, oder um trendige Gerichte wie Fisch-Gemüse-Wraps oder eben roh marinierte Fische – Fisch ist eines der gesündesten heimischen Lebensmittel und naturgemäß bio.

🐟 Die Fischer rund um den See mit ihren Lieblingsrezepten, dazu viele Tipps rund um die Flossentiere und deren Zubereitung findet man bei Eva-Maria Schröder, *Das Fischkochbuch vom Starnberger See* (Tutzing 2011).

DEMETER LÄSST GRÜSSEN

Münsing – Restaurant Roseninsel
im Schlossgut Oberambach

Das *Schlossgut Oberambach* ist ein denkmalgeschützter Herrschaftssitz, der sich in seit dem Jahrtausendwechsel als Biohotel mit umfangreichem Wellnessangebot präsentiert. Viele der Besucher wurden Stammgäste dieses geschichtsträchtigen Ortes: Erstmalig 1476 erwähnt, entwickelte sich Oberambach ab etwa 1900 zum Treffpunkt von Künstlern, Literaten und Freidenkern. Auch die Künstler des *Blauen Reiters* sollen sich hier getroffen haben. Passend dazu bietet man Genießertage zum Kompaktpreis, in dem die Eintrittskarten für das Buchheim-Museum in Bernried, das Franz Marc Museum in Kochel am See, das Schlossmuseum und das Münter-Haus in Murnau enthalten sind.

Der grandiose Panoramablick auf die Alpen und den Starnberger See könnte im Restaurant die Gäste von der Karte und den Erläuterungen ablenken. Doch es gilt zu erfahren, dass Kräuter und Gemüse aus dem eigenen bio-, ja, Demeter-zertifizierten Anbau kommen, der Rest des Angebots möglichst aus der Region stammt und dem Wechsel der Jahreszeiten folgt. Vieles wird vegetarisch oder vegan zubereitet, vor allem bei den Vorspeisen und Zwischengerichten. Als Menü finden sich Hühnerbrühe mit Zwiebelravioli, Renken aus dem See, vom benachbarten Fischer gefangen, oder geschmorte Schweinsbackerl. Einfallsreich sind die Kreationen mit Salaten vom Feld vor dem Gut. Desserts und Eis sind hausgemacht und überraschen, etwa eine Cashew-Dattel-Creme auf Nussboden mit konfierter Mandarine. Die Weinkarte repräsentiert eine opulente Reise durch Europas Bioweine, erlesenste Tropfen aus Österreich und Deutschland, aus Italien und Frankreich, Spanien und Portugal. Nur Überseeweine sucht man – glücklicherweise – vergebens. Nicht nur Bioqualität, sondern auch Energiebilanz steht hier an erster Stelle.

🖉 Im Slow-Food-Gasthof *Limm* mit Metzgerei speist man vorzüglich und kann gleich ausgezeichnete Wurstwaren einkaufen.

Es gab Zeiten, da bedeutete bayerische Küche: Hauptsache viel, vor allem viel Fleisch, die Soßen häufig aus dem Packerl, die Beilagen aus der Tiefkühle, Salate schon mal aus der Dose. Preis und Menge schienen das Angebot zu steuern. Wer Frisches wollte, ging damals eher zum Italiener oder zum Griechen. Glücklicherweise gab es aber Vorreiter, die sich auf eine regionale Landküche besannen – wie etwa der *Postgasthof Hofherr* in Königsdorf. Schon vor langer Zeit fand man auf der letzten Seite der Speisekarte die Namen von bäuerlichen Betrieben und die Gäste erfuhren, woher die Eier oder die Milch, die Schlachttiere, Salate und Gemüse kamen.

Über 400 Jahre gibt es den stattlichen, in fünfter Generation familiengeführten Betrieb im Zentrum des hübschen Ortes schon – heute als Hotel, Gasthof mit Biergarten und der Metzgerei. In dieser herrscht solide Handwerkskunst, die Tiere stammen von befreundeten Bauern aus der Umgebung. Stressfreier Transport und stressfreie Schlachtung ermöglichen eine optimale Fleischreifung und sorgen für eine ausgezeichnete Fleischqualität, die wiederum die Herstellung einer exquisiten Wurst garantiert.

Fleisch spielt in der Küche des Gasthofs eine große Rolle; Schnitzel und Braten, Gulasch und Siedefleisch sind Dauerbrenner, dazu gesellen sich seltene Klassiker der bayerischen Fleischküche wie Kalbsbries oder gebackene Milzwurst. Die Steaks schneidet Metzgermeister Uli Hofherr gerne aus der Hochrippe, die kerniger ist als die zwar zarte, aber doch etwas langweilige Lende. Die Suppen beweisen Tradition, wie etwa eine hausgemachte Rindssuppe mit Leberknödeln, doch eine Rote-Rüben-Suppe mit Griesnockerln oder die Verfeinerung von Gulasch mit Balsamico weisen auf kreative Ausflüge von Hans Hofherr junior hin.

🍶   Die hauseigene Brennerei ist die Domäne des Seniorchefs Hans Hofherr. Dort entsteht neben Obstler oder Williamsbrand in der Winterszeit schon mal ein Apfel-Zimt-Schnaps.

HOFLADEN THOMAHOF /// BRANDL 3 /// 82549 KÖNIGSDORF ///
0 80 46 / 1 87 52 38 /// WWW.THOMAHOF-BRANDL.DE ///

Hört man das erste Mal vom *Thomahof*, glaubt man es kaum: Erzeugung, Verarbeitung, Verkauf – alles am Hof. Ich gebe zu, dass ich dachte: Entweder genial oder es stimmt einfach nicht, dass hier alles selbst gemacht ist. Produkte aus Wildpflanzen, okay, aber gleichzeitig Brot, Wurst und Käse? Dazu noch Kochkurse und Kräuterwanderungen? Doch als ich den schönen Hof in Brandl bei Königsdorf besuchte, stellte ich fest: Es stimmt. Hier ist alles hausgemacht und stammt aus der hofeigenen Metzgerei, Käserei, Backstube und Küche. Das geht, weil es ein Familienbetrieb ist, bei dem alle mithelfen. Rosmarie und Sebastian sowie Heidi und Florian Seidl bewirtschaften nicht nur die Wiesen und Felder des *Thomahofs* nachhaltig und naturnah. Die Rinder sind den Sommer über auf der Weide, Legehennen haben reichlich Auslauf und Schweine schlafen auf Stroh. Und sogar Energie wird über die hofeigene Fotovoltaikanlage selbst produziert.

Florian Seidl ist Landwirt und Metzgermeister, bei ihm vermählen sich Tradition und Neugier: Bayerische Wurstschmankerl gehören genauso zu seinem Sortiment wie Dry-Aged-Rindfleisch und – eine Besonderheit – Gustostücke vom Schwein, die auf diese Weise gereift werden. Aus dem Holzofen kommen Bauernbrot mit Natursauerteig und jahreszeitliche Spezialitäten wie Topfenstollen im Advent. Wer sich näher mit der faszinierenden Welt der Wildkräuter beschäftigen will, ist eingeladen, an Kräuterwanderungen und Wildkräuterkochkursen teilzunehmen. Im Hofladen gibt es Fruchtaufstriche, gewürzt mit Kräutern, Essige, Öle, Sirup und Tees, sogar Wildkräuterbalsamico. Wie man den macht, zeigt Rosmarie Seidl in ihren Kursen. Mit ihren Teilnehmern geht sie in die Natur und erzählt viel über die Pflanzenwelt, die Zusammenhänge und Nachhaltigkeit.

✍ Wer eigenes Wildkräutersalz herstellen will, besorgt sich am besten gutes Stein- oder Meersalz, trocknet Kräuter nach Geschmack und mahlt sie zusammen mit dem Salz sehr fein.

BAYERISCH, BIOLOGISCH, BESONDERS
Dietramszell – Restaurant im Bio-Landhotel Moarwirt

Beim *Moarwirt* dürfen ruhig alle ins Schwärmen geraten. Dieser Platz, seufzen die einen, eine der herrlichsten Aussichten übers Oberland hin zu den Bergen. Dieser Biergarten, sinnieren die anderen, so einfach und bodenständig mit Brotzeiten und Schweinshaxen und Bier vom Kloster Reutberg, Bedienung im Dirndl, wie es sich gehört. Das malerische Haus, breit und prächtig auf dem Hügel gelegen, weiß getüncht und blau die Fensterläden, die Grundmauern aus alter Zeit – ein Bilderbuchgasthof. Mit welch sorgsamer Hand renoviert und dekoriert, loben die Nächsten. Ob Blumenschmuck oder Holzstapel, urige Balken oder moderne Holzmöbel in eleganter Schlichtheit. Und beim Gedanken an die Küche schließen Genießer verzückt die Augen und schwärmen von so viel Feinem, dass der Platz für die Aufzählung hier einfach nicht ausreicht.

Grundtenor der Gerichte von Florian Lechner und Tanja Timme: gemäß den Jahreszeiten, aus der Region, frisch und ausgesucht gut. Enger Kontakt mit den Produzenten und Lieferanten, egal ob Wurst oder Käse, Fleisch oder Fisch. Dann eine gehörige Portion Kreativität auf der Basis von traditionellen Gerichten – und immer auch ein kleines Augenzwinkern, das den *Moarwirt* so besonders macht. Hier wurden schon bayerische Tapas gereicht, als das noch gar nicht Mode war, zum Glück versammelt in einem hübschen Kochbuch. Florian Lechner war auch bei den Ersten, die schnell feststellten, dass Bioküche nicht unbedingt nach Tofu oder Seitan verlangt, sondern dass es ihm, den Gästen und der Region guttut, bäuerliche Betriebe dazu zu ermuntern, ihm Bioschwein, Biobutter und Biokäse zu liefern. Auf alle Fälle ein Haus mit Ausstrahlung: fröhlich, bayerisch, traditionell, kreativ und auf jeden Fall nachahmenswert!

🍴 Florian Lechners Kochbücher ebnen auch für Kochneulinge den Weg in eine *Neue bayrische Küche* (blv 2016) oder zeigen, wie man *Bayrische Tapas* (blv 2017) zubereitet.

KLOSTERBRAUEREI REUTBERG /// AM REUTBERG 3 ///
83679 SACHSENKAM /// 0 80 21 / 2 58 ///
WWW.KLOSTERBRAUEREI-REUTBERG.DE ///

KLOSTERBRÄUSTÜBERL REUTBERG /// AM REUTBERG 2 ///
83679 SACHSENKAM /// 0 80 21 / 86 86 ///
WWW.KLOSTERBRAEUSTUEBERL.DE ///

Das Kloster Reutberg wurde Anfang des 17. Jahrhunderts gegründet. Ein Graf mit dem netten Namen Papafava rodete den Hügel, um dort eine Kapelle zu errichten. Doch sehr fromm schien der Graf nicht gewesen zu sein, denn er trachtete nach den Reichtümern seiner Gattin Anna und verübte einen Mordanschlag. Anna überlebte und gelobte daraufhin, ein Kloster zu gründen. So entstand das heutige Franziskanerinnenkloster Reutberg. Schon früh, bereits 1677, wurde dort Bier gebraut, Gerste und Hopfen auf Klostergründen kultiviert. Auch wenn das Bier zunächst als milde Gabe hungrigen Gläubigen gereicht wurde, die an die Klosterpforte klopften, entstand bald eine Schenke, deren Einnahmen beträchtlich waren. Da eine solche Schenke jedoch erheblich in die klösterliche Ruhe eingriff, verlegte man die Gaststube vor die Klostermauern: Das heutige Klosterbräustüberl entstand.

Anfang des 20. Jahrhunderts wurde modernisiert, doch die Zeiten waren schwierig. 1924 schloss man die Brauerei, doch die Bauern der Gegend retteten den Betrieb durch die Gründung einer Genossenschaft. Heute hat die Brauereigenossenschaft Reutberg stolze 5.200 Mitglieder, Menschen aus der Region, aber auch Bierfans aus ganz Deutschland sind dabei. 20.000 Hektoliter bestes Bier verlassen jährlich die Brauerei. Ein großes Glück, nicht nur für Freunde des Hopfenelixiers, sondern auch für die umliegenden Bauernhöfe. Denn von dort kommt das Getreide, die Gerste und der Weizen, der Hopfen wächst in der nahen Hallertau und das Wasser entstammt der Klosterquelle. Frisch vom Fass werden die Reutberger Biere, das süffige Export, das Reutberger Kloster Hell, selbst das obergärige Weißbier, im Klosterbräustüberl ausgeschenkt.

⚜ Im Klosterbräustüberl gibt es hervorragende Traditionsküche, serviert wird entweder im wunderschönen historischen Gemäuer oder im Sommer im Biergarten mit fantastischem Blick auf die Alpen.

Langeweile? Nein, lacht Marion von Kameke, Langeweile sei nicht ihr Problem. Die gelernte Tierärztin lenkt zusammen mit ihrem Mann die Geschicke von *Gut Wallenburg*. Dazu gehören: die stattlichen historischen Gebäude, 2.400 Quadratmeter Gewächshäuser, 3,5 Hektar Freiland, wo vor allem Gemüse und Kräuter angebaut werden, und Grünland, auf dem Kühe weiden. Den Sommer verbringen die Tiere auf der Alm im nahen Spitzinggebiet. Regelmäßig kommt die mobile Käserei und veredelt die Milch dieser Kühe zum neun Monate gereiften Wallenburger Hofkas.

Kunden können direkt im hübschen Laden des Guts und über die Abokiste *BioKorb* eine Vielfalt beziehen, die erwähnenswert ist. Nahezu alle Gemüse, Salate und Kräuter, die in unserem Klima gedeihen, werden rund ums Jahr angeboten. Zu Heimischem wie Karotten, Lauch, Bohnen oder Erbsen kommen im Sommer Südländer wie Tomaten, Auberginen und Zucchini, die köstlich schmecken. Man wagt sich sogar an Exoten wie beispielsweise Ingwer. Sehr dankbar ist die Gutsbesitzerin, dass ihre Mitarbeiterinnen und Mitarbeiter – insgesamt rund 40 an der Zahl – schon morgens um 4 Uhr die Ökokisten packen, die dann im Umland ausgeliefert werden. Diese *BioKörbe* kann man sich bequem online zusammenstellen.

Jungpflanzen zum Verkauf zieht man selbst auf. Hobbygärtner, denen der Verzicht auf chemische Düngung und Pflanzenschutzmittel wichtig ist, erwartet ein großes Angebot. Die Aufzucht in heimischem Klima trägt auch dazu bei, dass sich die Gärtnermühe lohnt. Immer am ersten Maisamstag kann man beim Tag der offenen Tür den Gärtnern bei der Arbeit zusehen, sich täglich außer Sonntag im Laden beraten lassen oder rund ums Jahr zwischen den Feldern spazieren und die Biovielfalt bestaunen.

🗫   Allwöchentlich finden in der Region drei Grüne Märkte statt: mittwochs und samstags in Holzkirchen und donnerstags in Miesbach.

WO GUTE GEISTER WOHNEN
Hausham – Destillerie Lantenhammer

Hochprozentige Station einer Reise durchs Oberland auf der Suche nach edlen Geistern ist die Destillerie *Lantenhammer,* die erst vor Kurzem in ihren interessanten Neubau im Haushamer Gewerbegebiet umgezogen ist. *Lantenhammer* ist Tradition und unglaublich quirlige Lebendigkeit in einem. Alle Voraussetzungen für solides (Genuss-)Handwerk sind hier gegeben, Höhenflüge erreicht man durch das Fördern der Kreativität der Destillateure. Dass man bei *Lantenhammer* wie in einer großen Familie zusammenarbeitet, ist nicht nur werbewirksame Behauptung, man spürt, dass dies auch gelebt wird. Beste Qualität erbringt darüber hinaus die sorgsame Auswahl der Früchte. In einem schlechten Obstjahr gibt es eben keinen Marillen- oder Zwetschgenbrand. Da ist man konsequent. Selbstverständlich wird keiner der Edelbrände gestreckt oder durch irgendwelche Verfahren im Geschmack verstärkt. Nur pure Natur befindet sich in den Gärtanks für die Maische, die dann schonend und professionell gebrannt wird. Wer zuschauen will, kann das jederzeit tun. Nur eine Glasscheibe trennt den Verkaufsraum von der Wirkungsstätte des Chefdestillateurs Tobias Maier und seines jungen Teams.

Wie erfolgreich das Zusammenspiel von Tradition und einem aufgeschlossenen und augenzwinkernden Umgang mit der Moderne sein kann, führt *Lantenhammer* immer wieder vor. Es ist noch nicht lange her, dass in der kleinen Destillerie jemand auf die Idee kam, den ersten bayerischen Whisky zu brennen. Mit *Slyrs* entstand 1999 ein Kultgetränk, das Furore machte. Die Kreativität des Teams hob vor noch nicht allzu langer Zeit den Wodka *Bavarka* aus der Taufe. Und der wiederum ist die Basis eines ganz neuen Produkts aus Maiers Werkstätte: ein kräftiger, intensiv nach Wacholder duftender bayerischer Gin.

🥃 Wer seinen Gästen mal was anderes als Aperol Spritz servieren möchte, sorgt mit *Lantenhammers* auf Wacholderdestillat basierendem giftgrünen Drink *GinChilla*, dekoriert mit Gurke und Rosmarin, für eine unvergleichliche Abwechslung.

Fast 100 Jahre schon beschäftigt man sich bei *Herbaria* mit heimischen Kräutern, aber auch mit Gewürzen aus aller Welt. Ein stattliches Sortiment an Gewürzen und Kräutern, Gewürzmischungen und Tees ist daraus entstanden. Willkommene Ergänzung sind die ausgezeichneten Hochland-Kaffees, die von der nahen Edelrösterei Dinzler geröstet werden.

Nachhaltigkeit wird hier großgeschrieben. Für jedes Kraut und jedes Gewürz gibt es einen optimalen Standort. Dill, Thymian und Majoran kommen beispielsweise von Bioland-Bauern aus Franken. Im Oberland ist es mit dem Kräuteranbau schwierig, aber in Fischbachau werden Versuchsfelder für Holunder bewirtschaftet. So möchte die Firma dazu beitragen, dass das Miesbacher Oberland zur Öko-Modellregion wird, betont der Geschäftsführer. »Klimatisch bedingt müssen wir natürlich viele Gewürze aus den Ursprungsländern beziehen. Doch wo möglich, kaufen wir regional ein.« Mit anderen Unternehmen der Region Tegernsee-Schliersee hat man sich zu den *Werteproduzenten* zusammengeschlossen. Abgepackt wird die Ware in Zusammenarbeit mit den *Oberland Werkstätten für Menschen mit Behinderungen*, als Verpackung für die Gewürze dient Weißblech, das vollständig recycelt werden kann, und die Umverpackung einiger Produkte besteht aus Apfelpapier, das aus Apfeltrester, dem Rückstand nach der Saftgewinnung, und im Apfelland Südtirol hergestellt wird. Die Rezepturen der heimischen Kräutertees stammen von Eva Aschenbrenner, der Grande Dame der Kräuterkunde, die nicht weit entfernt lebte, in Kochel am See.

Der bayerische Kreativkoch Konrad Geiger entwickelte die Gewürzmischungen, die knusprigen Schweinsbraten oder köstlichen Apfelstrudel zum bayerischen Schmankerl machen. Die Rezepte findet man im Internet, das gesamte Sortiment von *Herbaria* im Werksverkauf in Fischbachau.

   ✍   Ein richtiger Obazda besteht aus überreifem Käse wie Camembert oder Romadur, Butter, fein gehackter Zwiebel und zum Beispiel der Gewürzmischung *Obazd is*. Fertig ist das Biergarten-Schmankerl.

EIN DELIKATES AUSFLUGSZIEL

Gmund am Tegernsee –
Restaurant Käfer Gut Kaltenbrunn

Das jahrhundertealte Gut bei Gmund wurde 2015 vom Münchner Gastronomen Michael Käfer neu eröffnet und grundlegend renoviert. Hier wird rustikale Inneneinrichtung (ein beeindruckender Kachelofen in der Mitte, schwere Holzstühle, Kräutersträußchen auf den Tischen) mit feinem Geschirr und edlen Gläsern zu einem ansprechenden Ambiente kombiniert. Die Lage am Nordufer des Tegernsees bietet nicht nur einen imposanten Blick in die Berge und auf den See, sondern das Areal lädt darüber hinaus auch zu kurzen oder längeren Spaziergängen ein, die allein schon einen Ausflug hierher rechtfertigen. Eine Cocktailbar und ein Biergarten, der besonders im Sommer das Panorama genießen lässt, runden das Angebot ab. Viele der in der alpin ausgerichteten Küche verwendeten Produkte stammen von einer eigens gegründeten Erzeugergemeinschaft, die sich Regionalität und Nachhaltigkeit verschrieben hat.

Das Menü präsentiert elegante und jahreszeitliche Klassiker. Kleiner Appetitanreger gefällig? Vitello tonnato oder eine Salatvariation mit gebratenem Hirschrücken als Vorspeise, zum Hauptgang Fasanenbrüstchen im Speckmantel, Hirschgulasch oder Lachsforellenfilet im Kartoffelmantel (auch ein gelungenes »echtes« Wiener Schnitzel fehlt nicht), danach wählt man aus einem breiten Angebot an hausgemachten Desserts und Kuchen, bei denen die häufig wechselnden Strudel besonders beliebt sind. Die interessante und recht fair kalkulierte Weinkarte konzentriert sich auf Deutschland, Österreich, Italien und Frankreich, mit einem Schwerpunkt auf ökologischem Anbau bekannter Winzer. Bemerkenswert ist die hausgemachte saisonale Limonade. Nur schade, dass den Gästen eine Parkgebühr abverlangt wird, die nicht mit der Gesamtrechnung ausgeglichen werden kann.

☞ Wunderschön und in handwerklicher Tradition hergestellt sind die weltweit geschätzten Papierwaren von *Gmund Papier*. Eine Besichtigung sowie das Stöbern im Papiershop sind sehr empfehlenswert.

GASTHAUS JENNERWEIN /// MÜNCHNER STRASSE 127 ///
83703 GMUND AM TEGERNSEE /// 0 80 22 / 70 60 50 ///
WWW.JENNERWEIN-GASTHAUS.DE ///

28

HIER KOCHT EIN HELD
Gmund am Tegernsee – Gasthaus Jennerwein

Das alte Volkslied vom Wildschützen Georg Jennerwein, der 1877 in den Schlierseer Bergen erschossen und zum Lokalhelden wurde, findet sich im Namen des Wirtshauses wieder. Es mag Zufall sein, dass der Wilderer und der Wirt den gleichen Vornamen tragen. So traditionell, wie sich diese Geschichte erzählt, gibt sich auch die seit 2010 bestehende Wirtschaft – obwohl Schorsch Weber bei vielen der innovativen Köche der letzten Jahre sein Handwerk von der Pike auf gelernt hat: im Hotel *Bareiss* in Baiersbronn, im Münchner *Königshof,* bei *Dallmayr,* bei Eckart Witzigmann oder Alfons Schuhbeck. Deswegen treffen sich hier bodenständige Gerichte mit neuer Inspiration. Holzgetäfelte Decken und Wände in der Gaststube (mit Kinderspielecke) und ein lauschiger Biergarten erwarten die Gäste.

Wie wäre es mit einem lauwarmen Ziegenkäsestrudel mit Lavendelhonig und Rucola als Vorspeise, wahlweise einem Knödelcarpaccio? Einem Pfifferlingsrisotto als Zwischengericht? Tafelspitz, Böfflamott, feiner Kalbsleber als zweitem Gang? Feinen Käsen aus der Naturkäserei Tegernsee (Beitrag 31) oder karamellisiertem Mandel-Kaiserschmarrn zum Dessert? Alles ist fein, konzentriert und als Augenschmaus präsentiert. Mittags gibt es günstige und schnell zubereitete Menüs, die der Qualität der Abendkarte völlig entsprechen. Die Weinkarte bietet ausgewählte Tropfen aus Deutschland, Österreich und Italien an. Darüber hinaus hat der Wirt mit seinem Bruder eine Produktlinie mit exquisiten Leckereien unter dem Namen *Jennerfein* (von der Blutwurst bis zum Lebkuchen) entwickelt, die nicht nur von einschlägigen Fachmagazinen sehr gelobt werden, sondern auch zum Mitnehmen erworben werden können. Die Website bietet Geschichten, Rezeptideen und schöne Fotos sowie *Schorsch. Das Magazin* zum Download.

✍ Knödelcarpaccio ist eine Edelresteverwertung. Dazu Semmelknödel vom Vortag fein aufschneiden und mit Blattsalaten und gutem Dressing servieren.

SCHLOSSBRENNEREI TEGERNSEE /// SCHLOSSPLATZ 1 ///
83684 TEGERNSEE /// 0 80 22 / 45 60 ///
WWW.SCHLOSSBRENNEREI-TEGERNSEE.DE ///

GUTE NACHBARSCHAFT
Schlossbrennerei Tegernsee

29

In den vielleicht schönsten Räumen am Tegernsee befindet sich die Wirkungsstätte von Andreas Hau, Brennmeister der *Schlossbrennerei Tegernsee*. Das Haus Wittelsbach, Eigentümer des Gebäudes, entschloss sich vor wenigen Jahren, die alten Gemäuer behutsam zu renovieren. In den uralten Gewölben des ehemaligen Klosters Tegernsee, deren Fundamente auf das Jahr 746 zurückgehen, befand sich die Mälzerei der Tegernseer Brauerei. Daraus sollte nun ein Restaurant werden, mit solider Küche und einem schönen Garten. Gemeinsam mit örtlichen Handwerkern wurde umgebaut, der Parkplatz vor dem Haus wich einem herrlichen Gastgarten mit Blick auf See und Berge.

Kernstück und Namensgeber des Restaurants aber ist die glänzende Apparatur in der Mitte des Raumes, die Brennblase, der Andreas Hau die Edelbrände entlockt. Die Gäste des Restaurants können ihm bei der Arbeit über die Schulter schauen. Edelbrände sind zum Genießen da. Das Wort »Schnaps« hört der Edelbrand-Sommelier ohnehin ungern. Das klingt nach Fusel, meint er.

Die Früchte der Schlossbrennerei stammen aus der Wachau – aus ehemaligen Besitztümern des Klosters Tegernsee. Doch gute, reife Früchte gibt es nur im Sommer, wenn aromatische Himbeeren für den Himbeergeist gepflückt werden können, oder im Herbst, wenn Zwetschgen, Marillen oder Williamsbirnen für die Edelbrände reif sind. Man überlegte, welcher Rohstoff ganzjährig verfügbar ist, und fand die Lösung gleich in der Nachbarschaft, beim *Brauhaus Tegernsee*. Der Brennmeister tüftelte gemeinsam mit dem Braumeister an der Idee eines Bierbrands. Es entstand ein Brand mit stolzen 43 Volumenprozent aus Spezialbier mit dunklem Roggenmalz.

🥃 Alle Edelbrände von Andreas Hau können im Restaurant käuflich erworben werden. Und auch der Hunger wird dort mit regionaler Küche gestillt.

WIEDER AUFGETAUCHT!

Rottach-Egern –
Bistro, Café und Restaurant Haubentaucher

30

An einem heißen Sommertag die Zehenspitzen schnell mal im See kühlen? Beim Lois kein Problem, sofern man einen Platz auf der Terrasse ergattern kann. Das Holzdeck des Lokals befindet sich nämlich nicht nur am, sondern auch über dem Wasser. Wie ein Bootshaus sieht es aus, mit fröhlich-bunten Möbeln und modernem Design unkompliziert eingerichtet. Und von der Terrasse oder durch die Panoramafenster kann man den Fischern beim Fischen oder auch den Haubentauchern beim Tauchen zusehen, den Wasservögeln, nach denen das Restaurant schmunzelnd benannt ist.

Hierzu muss man wissen, dass *Hauben* das österreichische Pendant der Michelin-Sterne sind und der gebürtige Tiroler Alois Neuschmid sich zuvor einen solchen Stern in seinem Restaurant *Lois* erkocht hatte. Die Küche in diesem Lokal aber, so Neuschmid, sei zu klein gewesen, der Einsatz zu hoch, die Arbeit irgendwann auch zu viel: Sterneküche rechnet sich selten, die eigenen Arbeitsstunden dürfen Sterneköche meist nicht zählen.

Dass das Café *Borkholder's* Anfang 2017 frei wurde, Jenni und Andreas Eham, Inhaber des Egerner Hotels *Haltmair,* zugriffen und den Lois ins Tegernseer Tal zurückholten, ist eine glückliche Fügung für Genießer, denen frische, regionale und einfach gute Gerichte wichtiger sind als so manche Nobelzutat. Schnörkellos, einfach und mit feiner Geschmacksvielfalt, lautet nun die Devise, regionale Zutaten stehen im Vordergrund. Mittags gibt es Salate, Suppen und Pasta, dazu wechselnde Tagesgerichte mit Fleisch oder Fisch. Nachmittags genießt man Kaffee und hausgebackene Kuchen, wer's weniger süß mag, beißt in frisch geröstete Vinschgerl à la *Haubentaucher* mit Fisch, Fenchelsalami, Roastbeef oder auch mit Gemüse als vegetarische Variante. Und abends bietet Lois mehrgängige Menüs, die an seine besternte Frischeküche anknüpfen.

☞ Pilgerziel für Kaffeeliebhaber sind der rund 1,5 Kilometer entfernte Laden und das Café der *Ersten Tegernseer Kaffeerösterei,* wo edelster Rohkaffee schonend geröstet wird.

A RUNDE SACH

Ein herrlicher Sommertag, Blumen blühen, die Kühe sind auf der Weide und genießen frisches Gras und Wiesenkräuter: Das ist die Grundlage für beste Milch und nur aus solcher entsteht guter Käse. Jeden Tag wird die Rohmilch der Mitglieder der *Naturkäserei Tegernseer Land* frisch verarbeitet.

Die Käserei ist noch jung, denn erst 2007 beschlossen der heutige Vorstand der Genossenschaft Hans Leo und einige Mitstreiter, ihre Milch selbst vor Ort zu verarbeiten. Gewaltige Investitionen waren zunächst einmal nötig. Aber viel Mut und ein stimmiger Plan machten daraus »a runde Sach« im doppelten Sinn. Dadurch dass die Milch nicht mehr an Großabnehmer ging, konnte man einen wesentlich höheren Milchpreis erzielen – ungefähr das Doppelte erhalten die Mitglieder der Genossenschaft, um die 45 Cent pro Liter. Dies bremst das Sterben der Höfe. Dadurch wiederum wird die Kulturlandschaft, wie sie in Jahrhunderten entstanden ist, gepflegt und erhalten. Eben nicht Gewerbegebiet und Betonhalle, sondern – auch hier blieb man konsequent – ein moderner Bau aus Naturmaterialien, fast ausschließlich von Handwerkern der Region gebaut. Und »a runde Sach« sind schließlich auch viele der Käselaibe, die von 40 Mitarbeiterinnen und Mitarbeitern in der Käserei produziert und im hübschen Laden mit dem gemütlichen Brotzeitstüberl verkauft werden. Von der lauschigen Terrasse aus kann man auf den Bauerngarten über Wiesen mit Hans Leos Kühen in die Berge blicken. Und durch große Fenster verfolgt der Besucher, wie aus der tagesfrischen Heumilch Käse entsteht: Im Käsekessel wird die Milch gerührt, mit Lab versetzt und der sogenannte Bruch mit der Käseharfe zerteilt. Je feiner die Körnung, desto härter wird der Käse hinterher. Die Laibe lagern im Reifekeller, den man ebenfalls besuchen kann.

🗺 Ganz in der Nähe befindet sich ein schönes kleines Feinkostgeschäft für Genießer, von Familie Hagn mit Leidenschaft geführt.

JÄGERLATEIN MIT TRAUMBLICK
Kreuth – Almgasthaus Aibl

»Jo mei, do muass ma ja guat kocha, wenn der Christian do is«, sagt Schorsch mit einem verschmitzten Lächeln. Und »der Christian« meint, für den Erdbeer-Schmarrn von Schorsch laufe er gerne eine Runde mehr um den Tegernsee, so wunderbar fluffig, fruchtig und fantastisch sei der. Insider wissen nun, wer gemeint ist.

Schorsch ist Georg Ertl – Seele, Wirt und Koch vom *Aibl*, dem Almgasthaus hoch über dem Tegernseer Tal und seinem Biergarten mit Traumblick. »Der Christian« heißt mit Nachnamen Jürgens und ist Patron und Maître de Cuisine des Restaurants *Überfahrt* in Rottach-Egern am Tegernsee. Drei Michelin-Sterne zieren das Haus seit 2013.

Am Tegernsee gibt es noch mehr Gourmettempel mit Michelin-Sternen. Doch die Gäste, so Georg Ertl, wollen auch an den anderen Tagen gut essen, wenn sie am Tegernsee Urlaub machen. Bei ihm können sie das auf jeden Fall. Fleisch beispielsweise bezieht er nur von »besten Quellen«, manchmal sogar seiner eigenen, denn er ist passionierter Jäger. Auf seinen Lehr- und Wanderjahren hat er manchen Blick in andere gute Töpfe geworfen. »Bayerischer Löwe« nennen ihn noch heute seine Kollegen vom (sehr besuchenswerten und mit *Hauben* bedachten) *Wilden Mann* in Lans bei Innsbruck. Kein Wunder also, dass so manche Tiroler Spezialität wie Schlutzkrapfen oder würzige Spinatknödel zum Standardrepertoire gehören. Im *Aibl* gibt's einen der besten Entenbraten überhaupt, innen zart, die Haut resch und knusprig. Köstlich die konzentrierten Soßen – sie sind so gut, dass man mit der Vermutung richtig liegen mag, der Schorsch kehre auch mal beim Christian ein. Und natürlich der Erdbeer-Schmarrn. Die eigentliche Spezialität jedoch, da ist sich der Christian wiederum sicher, ist der Schorsch.

🐾 Im Sommer kann man von Kreuth aus zunächst Richtung Wildbad Kreuth, dann durch ein herrliches Naturparadies zur Almhütte *Siebenhütten* wandern, belohnt wird man mit Bier vom Brauhaus Tegernsee und Käse von der Naturkäserei.

**ZIEGENHOF LENGGRIES /// WINKL 16A /// 83661 LENGGRIES ///
0 80 42 / 91 80 40 /// WWW.ZIEGENHOF-LENGGRIES.DE ///**

**STIE-ALM /// LATSCHENKOPF 5 /// 83658 BRAUNECK ///
0 80 42 / 23 36 /// WWW.STIE-ALM.DE ///**

NOBLER KÄSE AUS EDELZIEGENMILCH
Ziegenhof Lenggries

(33)

Alles begann am Muttertag 1998. Da nämlich bekam Frau Filgerts-
hofer eine Ziege geschenkt. Ziegen begeisterten sie schon lange, ihren
Mann jedoch gar nicht. »Aber«, lächelt sie feinsinnig, »er hat mir
trotzdem eine geschenkt!« Der Charme der Deutschen Edelziege,
das fröhliche Määäh auf dem Hof scheint dann auch ihn überzeugt
zu haben, denn heute ist er derjenige, der den feinen Ziegenkäse und
die verschiedenen Würste aus dem Fleisch der Zicklein herstellt. Die
Kühe wurden abgeschafft und man spezialisierte sich nach und nach
auf die optimale Haltung von Ziegen und die naturnahe Bewirtschaf-
tung des Hofes, ausgezeichnet mit dem Umweltpreis des Landkreises
Bad Tölz im Jahr 2009.

Schwiegertochter Elisabeth kümmert sich heute mit derselben
Begeisterung um die Tiere. 50 Mutterziegen werden ausschließlich
mit hofeigenem Gras und vor allem Heu gefüttert. Deren Heumilch
ist Grundlage feiner Käse, die sogar vom edlen Tölzer Kasladen (Beitrag 35) geführt werden. Ausschließlich die Milch der eigenen Tiere
wird zu rund 20 verschiedenen Sorten verarbeitet. Es gibt Frischkä-
se – pur oder mit Kräutern verfeinert –, dazu gesellen sich cremiger
Ziegen-Camembert oder halbfester Käse mit allerlei (Wild-)Kräutern,
Schnittkäse mit Bockshornklee oder Kümmel. Der gereifte Edelzie-
genkäse der Familie ist eine rare Delikatesse.

Im Frühjahr ist im hofeigenen Laden frisches Ziegenkitzfleisch
erhältlich, das man später, je nach Vorrat, auch tiefgefroren erwerben
kann. Daraus entstehen unter anderem knackige Ziegenbeißer aus
100 Prozent Ziegenfleisch oder edler Ziegenlendenschinken sowie Sa-
lami. Doch damit nicht genug: Aus Ziegenmilch macht Elisabeth Fil-
gertshofer eine zarte Seife, aus den Früchten des Gartens Fruchtaufstriche, der Opa brennt Schnaps und dazu gibt's im hübschen Hofladen
Kräuterprodukte der Region, Honig sowie Eier der eigenen Hühner.

Feinen Bergkäse bietet die *Stie-Alm* am Braunegg, wo Stefan
Obermüller aus der Milch der eigenen Kühe köstlichen Käse
herstellt, der im Naturkeller reift.

77

GENUSSMANUFAKTUR HIRSCHKUSS /// TÖLZER STRASSE 12 ///
83674 GAISSACH /// 0 80 41 / 7 95 05 50 /// WWW.HIRSCHKUSS.DE ///

LIKÖR UND MEHR VON TANTE LENA
Gaißach – Genussmanufaktur Hirschkuss

Vom Märchen zum Krimi und vom Likör zum Brand – so könnte man die Geschichte des Hauses *Hirschkuss* in Gaißach bei Bad Tölz beschreiben. Eine Erfolgsgeschichte:

Die Lenggrieserin Petra Waldherr-Merk hilft der Großtante Lena beim Herstellen ihres traditionellen Kräuterlikörs, denn die alte Dame ist schon über 80. In ihrem Accessoiregeschäft bietet die Einzelhandelskauffrau den Likör einigen Kunden an. Die sind so begeistert, dass sie ihn gerne kaufen wollen. Petra und Tante Lena setzen mehr Likör an. Er verkauft sich in Windeseile, die Produktion wird vergrößert und man wagt den Schritt zur Firmengründung: 2005 wurde der *Hirschkuss* geboren.

Der Kräuterlikör, bestehend aus fast 40 verschiedenen Kräutern und Gewürzen, blieb nicht lange allein. Die besten von gut 40 Rezepten ihrer Großtante, alle fein säuberlich in altdeutscher Handschrift in einem kleinen Büchlein festgehalten, hat Petra Waldherr-Merk herausgesucht. Heimische Vogelbeeren, Pflaumen und Birnen werden zu weiteren Likörspezialitäten unter dem Label der küssenden Hirsche verarbeitet. Die Geschäftsräume wurden bald zu klein und man plante einen millionenschweren Neubau; ganz schön mutig für eine junge Firma. Inzwischen werden stolze 300.000 Liter im Jahr produziert, aber mehr sollen es nicht werden. Über 20 Mitarbeiter hat *Hirschkuss*, unter ihnen der Lebensgefährte der Firmengründerin, Burckhard Winkel. Er hat seinen Beruf als Schlosser an den Nagel gehängt und sich zum Brennmeister ausbilden lassen. Mit großer Leidenschaft und einem sicheren Gespür für Aromen brennt er einen Himbeergeist, einen Williams-Edelbrand und – nach bayerischer Biertradition – einen Bockbrand, der ganz wunderbar Soßen zu Wild abrundet, wie etwa zum Hirschbraten. Ein Hirschkuss für die Soße …

🖉 In Jörg Steinleitners Krimi *Hirschkuss* (Piper 2014) wird das Getränk zum »Wahrheitsserum« der bis dahin noch nicht Geständigen.

TÖLZER KASLADEN /// MARKTSTRASSE 31 /// 83646 BAD TÖLZ ///
0 80 41 / 7 93 84 47 /// WWW.TOELZER-KASLADEN.DE ///

Wenn es eine »Käsepäpstin« gibt, dann ist dies Susanne Hofmann aus Tölz. Auch ihr Bruder Wolfgang ist vom Käse begeistert, aber die Augen der Schwester funkeln beinahe, wenn sie von Frankreich erzählt, von herrlichen Käsen und von Orchideen, die die Ziegen in Südfrankreich auf kargen Böden fressen und auch dadurch beste Milch liefern. Der *Tölzer Kasladen* ist eine Institution, Eckart Witzigmann kauft hier ein, man beliefert Sternegastronomie deutschlandweit. Wer beste Käse sucht, wird in den Läden in Bad Tölz, Landsberg, Landshut oder München fündig. Allein durch unterschiedliche Verarbeitung und Reifung entstehen Hunderte verschiedener Käsesorten – aus nur drei Grundzutaten, nämlich der Milch von Kuh, Ziege und Schaf. Um die 150 davon findet man im *Tölzer Kasladen*, alle perfekt produziert, viele in eigenen Reifekellern affiniert.

Die Hofmanns beziehen ihre Käse aus ganz Europa, aus Italien, der Schweiz, Österreich und vor allem natürlich aus dem Käseland Frankreich. »Es ist eine wunderbare Aufgabe«, meint Wolfgang Hofmann, »regionale Käsekultur zu erhalten. Der beste Camembert kommt nun mal aus der Normandie, Bergkäse aus der Alpenregion. Für guten Bergkäse müssen die Tiere auf Almen Bergkräuter fressen.« Heumilch heißt auch hier das Zauberwort. Tiere, denen es nicht gut geht, können keine erstklassige Rohmilch liefern, doch sie ist Grundlage bester Käse. Genauso wichtig ist die handwerkliche Verarbeitung in Hofkäsereien oder Genossenschaften, zu denen die Hofmanns intensive Kontakte pflegen. »Denn«, meint Susanne Hofmann, »oftmals muss man um die raren Laibe kämpfen.«

Die Geschwister Susanne und Wolfgang haben den Betrieb vom Vater übernommen. Schön zu hören, dass Susannes Sohn die Leidenschaft der Mutter teilt. Käseliebhaber werden ihm es danken.

🖉 Susanne Hofmann und ihr Team bieten jede Menge Events und Workshops, beispielsweise eine genussvolle Verkostung von Käse und Wein oder die eigene Herstellung von Käse.

FÜR KÜCHE, GARTEN UND HAUSAPOTHEKE
Bad Heilbrunn – Kräuter-Erlebnis-Park

In der warmen Jahreszeit kann man sich auf die eigene Nase verlassen, sucht man den *Kräuter-Erlebnis-Park* nahe der Gästeinformation – der Duft von Lavendel, Thymian, Fenchelkraut und Salbei liegt in der Luft. Man könnte auch seine Ohren spitzen und das Summen und Brummen von Bienen und Hummeln hören, denn Kräuterblüten sind wichtige Insektennahrung. Die ganze Vielfalt heimischer Würzpflanzen breitet sich im *Kräuter-Erlebnis-Park* in Bad Heilbrunn aus: Über 400 Heil-, Wild- und Kulturkräuter, Bäume und Sträucher kann man dort bei freiem Zutritt bestaunen. Wer mehr wissen will, egal ob über die Verwendung in der Küche oder als alte Hausmittel gegen Beschwerden, sollte an den rund ums Jahr angebotenen Führungen und Workshops teilnehmen. Alle zwei Jahre findet außerdem im Juli der *Kräuterzauber*, der Markt im Kräuterpark, statt. Hier präsentiert sich die ganze Kräutervielfalt der Region und darüber hinaus. Anregungen für den eigenen Kräutergarten kann man sich ebenso holen wie jede Menge Tipps zu ihrer Verwendung. Wer den Termin verpasst, wird im Bistro-Café mit Kräuterladen gleich nebenan fündig. Das Angebot reicht von hochwertigen, handverlesenen Tee- und Würzkräutern aus dem Park bis zu guter Bistro-Küche sowie selbst gebackenen Kuchen mit Kaffee.

Kräuterfans sollten auch den *Kräuter-Erlebnis-Laden* der Kräuterpädagoginnen im Kloster Benediktbeuern, nur wenige Kilometer entfernt, besuchen. Sie bieten regelmäßig Führungen und dazu Kräuterprodukte aus eigener Herstellung an. Nebenan, in der Biogärtnerei, kann man bekannte und außergewöhnliche Würzpflanzen erwerben. Ein Tipp der Gärtner: Keine Kräuter kaufen, die mit dem Hinweis »Zum Verzehr nicht geeignet« versehen sind. Sie sind gespritzt und das ist für Menschen schädlich, für Bienen und viele andere Insekten sogar tödlich.

✍ Vom Kloster Benediktbeuern aus führt ein Naturlehrpfad durchs Moos, der für Groß und Klein gleichermaßen interessant ist.

BACKHAUS CRAMER /// STARNBERGER STRASSE 18 ///
82131 GAUTING /// 0 89 / 88 90 06 40 ///
WWW.BACKHAUS-CRAMER.DE ///

Bäckerhandwerk in der Krise? Im Prinzip ja, denn immer mehr »Teiglinge«, vorgefertigt irgendwo in der Welt, wandern in die Öfen, der Kunde kann sogar zusehen, wie gebacken wird. Aber die Teiglinge haben mit dem, was ein guter Bäcker unter Brezen, Semmeln oder gar Brot versteht, nichts, rein gar nichts zu tun. Gute Bäcker backen nicht nur täglich frisch, sondern sie verwenden auch beste Zutaten.

Bei *Cramer* kommt nur Bioland-Getreide in die Backstube und es wird täglich frisch gemahlen. Nur so bleiben alle gesunden Inhaltsstoffe, aber auch der ursprüngliche, nussige Geschmack erhalten. Die Brote werden in einem holzbefeuerten Steinbackofen gebacken. Das sorgt für besten Geschmack (Holzfeuer transportiert wichtige Aromastoffe) ebenso wie für einen für Brot optimalen Backvorgang. Durch die hohen Anfangstemperaturen bekommt es eine resche Kruste, durch die immer sanfter werdende Hitze danach eine feste, bekömmliche Krume.

Doch verlässt nicht nur Holzofenbrot die Backstube, sondern auch Semmeln und Brezen, Baguette und Fladenbrot. Aus frischem Butter-Blätterteig entstehen Apfeltascherl und zarte Croissants. Für die pikanten Snacks aus dem *Backhaus Cramer* nehmen Kenner weite Wege auf sich und genießen die mit frischem Biospinat oder Paprika und Feta gefüllten Strudel. Wigbert Cramers Ehefrau Suely stammt aus Brasilien. So wundert es nicht, dass Fisch in Kokosmilch und Pute in Erdnusssoße einträchtig neben Gulasch und vegetarischen Gerichten auf der Karte des Mittagsangebots stehen. Der Nachtisch ist auch gesichert: Weil kein Bio-Eis im Angebot war, stellte Konditormeister Cramer einfach selber eins her, viele Sorten, vom Aprikosensorbet bis zum Ziegenmilch-Walnuss-Eis.

✍ Wenn Sie Blätterteiggebäck selber machen wollen, vor der aufwendigen Zubereitung jedoch zurückschrecken: Es lohnt sich, guten Butter-Blätterteig zu kaufen, am besten beim Bäcker!

DORFGASTHOF IL PLONNER /// GAUTINGER STRASSE 52 ///
82234 OBERPFAFFENHOFEN /// 0 81 53 / 91 61 27 ///
WWW.ILPLONNER.DE ///

BAYERISCH-ITALIENISCHER BIO-HIMMEL
Oberpfaffenhofen – Dorfgasthof Il Plonner

Der alte Dorfkern von Oberpfaffenhofen hat Charme. Dort steht, wie es sich gehört, die Dorfwirtschaft neben Maibaum und Kirche. Kastanien beschatten den Biergarten und auf der Karte gibt's Schweinebraten mit Knödeln. Man wundert sich etwas über das »Il«, aber *Plonner* hieß die Wirtschaft schon immer. Der zweite Blick auf die Speisekarte mag dies erklären, denn Pasta, Pizza und Co gesellen sich zu den bayerischen Spezialitäten. Neugierig geworden, entdeckt man dann am Eingang das Schild »Bioland zertifiziert«. In der Gaststube laden mit Gartenblumen dekorierte Tische zum Platznehmen ein. Der Blick fällt auf die Tageskarte. Diese zaubert Feinschmeckern ein zufriedenes Lächeln ins Gesicht – Rehragout mit Schnittlauchspätzle, Wolfsbarsch auf Paprikaschaum, rosa gebratener Wildschweinrücken …

Wie das alles zusammenpasst, sei hier erklärt: Die Wirtsleute Carola und Domenico Petrone betrieben eine In-Kneipe im Herzen Augsburgs. Domenico stammt aus Italien, vom schönen Gargano. Als die Kinder kamen, waren die »wilden Jahre« vorbei, man fand das alte Gasthaus auf dem Land, renovierte die Zimmer nach baubiologischen Gesichtspunkten und machte ein Biohotel daraus. Gaststube und Biergarten sollen Dorfwirtschaft bleiben, darüber hinaus möchte man auch feine Küche bieten. Dies wiederum gelingt dem leidenschaftlichen Koch Udo Kloss hervorragend, der spielerisch Bodenständiges und Kreatives vereint. Auf die Frage, warum bio, zuckt er die Achseln und antwortet: »Das andere schmeckt doch nicht.« Und so gibt es Fleisch aus der lokalen Jagd oder Biobauernhöfen im Umland, die Frühstückseier von der Bäuerin nebenan, Wein von ausgewählten Winzern und sogar das Bier ist bio und regional: Es kommt aus dem Sudhaus von Thomas Girgs *Haderner* (Beitrag 1), der ersten Biobrauerei der Landeshauptstadt.

🎵 Einmal im Monat gibt es Musik im *Il Plonner,* von Country und Rock bis zu Stubenmusi und Reggae.

KONRADHOF

Weil wir wissen wo's herkommt!

Meisterliche Qualität

Gelbwurst

mit Petersilie

aus eigener Herstellung

Fragt man gute Köche der Region, Slow-Food-Anhänger und andere Genießer, woher sie ihr Geflügel beziehen, dann fällt meist der Name *Konradhof.* So wandern beispielsweise Gänse und Enten aus Unering im Hinterland des Ammersees in die Küche der Starnberger *Aubergine,* wo sich Küchenchef Maximilian Moser einen Michelin-Stern erkocht hat. Er lobt die Qualität des Fleisches, zart sei es und gleichzeitig habe es viel Geschmack.

Woran das liegt, erklärt Stefan Dellinger, der Betreiber vom *Konradhof.* Der studierte Landwirt weiß, was die Tiere brauchen. Das Futter wird am Hof selber gemischt, zu einem Gutteil sogar selber angebaut. Fertigpellets sind ebenso tabu wie Antibiotika. Das Federvieh lebt auf weiten Weiden in mobilen Ställen, die Schlachttiere genauso wie die Legehennen.

Das Wetter war schlecht, als ich den Hof besuchte, es hatte viel geregnet. Eine Sau steht, offensichtlich glücklich und zufrieden, grunzend im Schlamm und sucht nach Essbarem. Zwischendurch hebt sie den Kopf und beäugt mich neugierig. Nach und nach kommen auch die anderen Schweine aus dem Stall – ganz zutraulich und frei von Angst sind sie. Sie haben viele Vorteile gegenüber ihren Artgenossen, die in engen Ställen »turbogemästet« werden. Sie leben deutlich länger und sie werden am Hof geschlachtet. Denn hinter dem Hofladen, wo man Fleisch, Wurst und Eier kaufen kann, befindet sich der hofeigene Schlacht- und Verarbeitungsbetrieb. Die Erzeugnisse des *Konradhofs,* der sich schon über 500 Jahre in Familienbesitz befindet, sind nicht nur ab Hof, sondern auch auf vielen Wochenmärkten der Region und seit einiger Zeit im hübschen Laden in München-Schwabing erhältlich. Zum Angebot der eigenen Erzeugnisse kommen Kartoffeln, Nudeln und je nach Jahreszeit auch Wildspezialitäten.

🖉 Jeden Samstag findet man auf dem Wochenmarkt im nahen Herrsching, gegenüber vom Bahnhof, außer den *Konradhof*-Produkte viele Spezialitäten und Bioprodukte der Region.

DAMENWAHL VON AAL BIS ZANDER

Herrsching am Ammersee – Fischerei Schlamp

40

Eigentlich macht es wenig Sinn, eine der 15 Ammerseefischereien herauszugreifen, denn alle fangen und verkaufen Fische aus demselben See. Doch Irene Schlamp und ihre Tochter Victoria Wesselmann sind die einzigen Damen, die ohne männliche Unterstützung fischen, also lassen wir ihnen den Vortritt. Doch stopp, die Herren helfen schon ein wenig mit, denn die Fischereibetriebe am See arbeiten zusammen. Im Winter, wenn man wenig fängt, fahren schon mal die Kollegen Mastaller und Gastl hinaus und leeren die Netze.

Die Fischereigenossenschaft besteht seit dem Mittelalter. Die Klöster Dießen und Andechs waren nicht unwichtig – wegen der vielen Fastentage brauchte man reichlich Fisch. Die Fischereirechte wurden und werden von Generation zu Generation vererbt. Daher war auch Irene Schlamps Berufswahl vorgegeben, sie wurde die erste weibliche Fischereimeisterin. Ihre Tochter tut es ihr nach und bietet im schönen Laden in Herrsching Fisch aus See, Fluss und Meer, dazu hausgemachte Fischsalate und köstliche Aufstriche aus Renke, Hecht und Co, eben den heimischen Fischen. Kollege Gastl wiederum schimpft: »Alle wollen nur noch Lachs.« Ich frage nach Brachsen und er schüttelt seinen Charakterkopf. »Mit Brachsen bin ich groß geworden. Aber das darfst du ja heute nicht mehr bringen. Renken ja, das geht. Aber Brachsen, auch Karpfen und sogar Hecht wollen die Leute nicht mehr.« Zu wenige jedenfalls sind es. Wie zum Beweis ordert ein Paar gerade geräucherte Makrele und Lachs. Eine Forelle nehmen sie dann doch noch mit. Dabei steht daneben in einem bescheidenen Schüsselchen eine Köstlichkeit: Ammersee-Matjes. Das sind Renkenfilets, wie Matjes eingelegt, von ungeahnter Zartheit. Doch wenn geräucherte Brachsen angeboten werden: Greifen Sie zu.

Eva-Maria Schröder bietet nicht nur ein Fischkochbuch mit speziellen Rezepten vom Chiemsee und vom Starnberger See. 2013 erschien auch ihr *Fischkochbuch vom Oberland*.

METZGEREI & HOFLADEN BURGHART /// AMMERSEESTRASSE 54 ///
82396 PÄHL /// 0 88 08 / 2 28 /// WWW.HOFLADEN-BURGHART.DE ///

GENUSSHANDWERK IN JUNGEN HÄNDEN

Pähl – Metzgerei & Hofladen Burghart

41

Wenn der »Bua« Metzger gelernt hat, wieso dann nicht das Fleisch der eigenen Tiere selber verarbeiten, fragte sich Familie Burghart. Sohn Johannes hat das Fleischerhandwerk von der Pike auf gelernt, er liebt seinen Beruf und hat Talent. Der zunächst improvisierte Hofladen wurde vor noch nicht allzu langer Zeit durch einen schönen Bau erweitert und hier bietet man aufs Wochenende hin eine stattliche Anzahl von Wurstsorten an, alle hausgemacht. Legendär sind die perfekt gewürzten Weißwürste oder der warme Leberkäs, der duftig in der Konsistenz und kernig im Geschmack ist.

Handwerkliche Tradition, Transparenz und Regionalität hat sich der Familienbetrieb auf die Fahnen geschrieben, denn Vater und Mutter helfen tatkräftig mit. Die Rinder stammen vom eigenen Hof und werden auch dort geschlachtet – kein Transportstress also, was die Fleischqualität deutlich verbessert. Schweinefleisch wird von einem befreundeten Betrieb in Niederbayern zugekauft. Die genauen Schlachttermine sind im Internet zu erfahren, so ist Frische garantiert. Morgens um fünf schon geht es los, Fleisch wird geschnitten und Brät gerührt, Würste werden abgebunden und in den Rauch gehängt. Warum sie so früh anfangen? »Nun«, meint der Metzger, »der Räucherofen hat eine begrenzte Kapazität und alles soll ja frisch sein.«

Die Fahrt nach Pähl lohnt sich auch von weiter her, denn allerlei hausgemachte Wurstkonserven bereichern den Vorrat zu Hause. Darunter hervorragende grobe und feine Leberwurst, feiner Leberkäse oder roter und weißer Presssack im Glas. Zum Wurstsortiment kommt selbstverständlich Fleisch, darüber hinaus gibt es aber auch Milch und Käse, Nudeln und Eier, Brot, Marmeladen und vieles mehr – alles von bäuerlichen Betrieben der Gegend.

✍ Im Brotzeitstüberl oder im Sommer auch im Freien davor kann man warmen Leberkäs mit Kartoffelsalat oder Weißwürste genießen.

unser
HOF-CAFE
ist geöffnet
FREITAGS
14⁰⁰ - 17⁰⁰ Uhr

wir backen selbst

KUCHEN
QUICHES
u.v.m.
natürlich alles **BIO**

GUT DIETLHOFEN /// DIETLHOFEN 1 /// 82362 WEILHEIM /// 08 81 / 92 45 22 50 /// WWW.GUT-DIETLHOFEN.DE ///

Nicht erschrecken – denn auf der Weide hinter dem malerischen *Gut Dietlhofen* kann schon mal eine Herde Bisons herantraben. Mächtige Tiere sind das, mit beeindruckenden Charakterköpfen. Es kann aber auch passieren, dass man sie gar nicht sieht, denn sie weiden auf einem riesigen Areal und kommen nur ab und zu in den offenen Stall. Gerade solche seltenen Tiere sind oft die Nische, die findige Biobauern ausfüllen, als Alleinstellungsmerkmal, wie Thomas Partheymüller sagt. Ihr Fleisch ist mager, aber sehr schmackhaft, gesund und beinahe cholesterinfrei. »Die Indianer wussten schon, was gut ist«, grinst er. Die Partheymüllers setzen schon seit den 1980er-Jahren auf ökologische Landwirtschaft, der Hof ist nach den Vorgaben des Verbandes »Bioland« zertifiziert.

Zu den kanadischen Bisons kommen heimische Alpine Steinschafe. Im hübschen Hofladen werden deshalb auch hervorragendes Lammfleisch und Accessoires aus der Wolle der Schafe angeboten. Im Sommer, kurz vor der Öffnungszeit, fährt der Biobauer mit seinem kleinen Traktor über den Hof und beliefert den Laden mit frisch geschnittenem Salat, Kartoffeln, Zucchini, aber auch hierzulande schwierig zu kultivierenden Auberginen oder Artischocken. Die Regale füllen außerdem Eier, Honig, hausgemachte Marmeladen sowie einige Fair-Trade-Produkte. Und nicht zu vergessen: die köstlichen Landjäger oder der Schinken aus Bisonfleisch, hergestellt vom Metzger im nahen Wielenbach. Der übrigens schlachtet die Tiere nicht, sie werden auf der Weide geschossen und kennen daher keinen Transportstress.

Von Zeit zu Zeit wird es richtig laut auf *Gut Dietlhofen* und Rock-Musik schallt über den ganzen Hof. Dann ist Peter Maffay hier. Er ist seit Herbst 2015 Besitzer des Gutes und nutzt es für seine Tabaluga-Kinderstiftung.

☕ Aus Früchten und Gemüse backt die Hausherrin frische Kuchen und Quiches, die man im Sommer im Hofcafé genießen kann. Dazu Fair-Trade-Café oder Saft aus eigenen Früchten.

»IN EINEM BÄCHLEIN HELLE ...«
Forellenhof Polling

Das Örtchen Polling mit seinem ehemaligen Augustiner-Chorherren-Stift liegt malerisch in einer weiten Ebene vor den Alpen, hier schlängeln sich die Ammer und viele kleinere Flüsschen durch die Landschaft. Der Tiefenbach speist die Fischteiche der Forellenzucht *Polling* mit seinem frischen Wasser. In den Anzuchtteichen wachsen die Fische auf nahezu natürliche Weise auf, mit viel Platz zum Schwimmen. Erst wenn sie groß genug sind, werden sie in die Angelteiche ausgesetzt, von denen es mehrere mit verschiedenen Fischarten gibt. Forellen, Saiblinge, Karpfen, aber auch die selteneren Goldforellen oder sogar See- und Bachforellen können geangelt werden.

Entschleunigung und Abstand vom hektischen Alltag sind garantiert. Hobbyangler stehen oder sitzen an den Teichen. Sogar ein Bachlauf steht zur Verfügung, man hält die Angel ins Wasser und betrachtet die Landschaft. Eine Angelkarte inklusive eines Kilos Fisch kostet nur 10 Euro und wer mag, kann sich ein Grillgerät ausleihen.

Wer keinen Angelschein oder keine Zeit zum Angeln hat, erwirbt die frischen Fische im kleinen Hofladen. Prächtig glänzend, da von makelloser Frische, liegen sie hier in der Auslage. Forelle, Lachsforelle und Saibling werden warm und kalt geräuchert, nach Graved-Art gebeizt oder zu Salaten verarbeitet. Manchmal und auf Vorbestellung sind geräucherte Karpfen erhältlich, die selbst Menschen überzeugen, die behaupten, der Fisch schmecke ihnen nicht. »Der modrige Geschmack«, so Besitzer Stefan Schwinghammer, »kommt nur von modrigem Wasser, und so etwas haben wir hier nicht!« Kulinarischer Höhepunkt sind köstliche Weißwürste aus Fisch und unvergleichlich zarter und harmonisch gewürzter Matjes aus Forelle und Lachsforelle.

🐟 Im nahen Weilheim bietet der *Biomichl* auf über 900 Quadratmetern eine Vielfalt an Bioprodukten, die ihresgleichen sucht – vor allem die opulente Käsetheke lohnt eine Anreise von weiter her.

SEERESTAURANT ALPENBLICK /// KIRCHTALSTRASSE 30 ///
82449 UFFING AM STAFFELSEE /// 0 88 46 / 93 00 ///
WWW.SEERESTAURANT-ALPENBLICK.DE ///

Michael Bott hat einen schönen Arbeitsplatz, denn der befindet sich in einer malerischen Jugendstilvilla am Staffelsee. Das Gute an seiner Tätigkeit ist, dass wir uns daran erfreuen können. Er ist nämlich Küchenchef im Restaurant *Alpenblick*. Der Staffelsee dürfte von den vielen schönen Voralpen-Seen der gemütlichste und der malerischste sein. Dass er darüber hinaus aus kulinarischen Gesichtspunkten zu den besuchenswertesten zählt, hat mehrere Gründe. Er bietet Fische, die direkt vom See in die Küche geliefert werden. Außerdem ist die Region bekannt für das Murnau-Werdenfelser Rind, dessen drohendem Aussterben sich einige Bauern erfolgreich entgegengestellt haben. Dieses Rind ist klein und wächst langsam, dafür liefert es ausgezeichnetes Fleisch. Aus den Wäldern der Gegend bezieht der Koch zudem frisches Wild und Gemüse. Die Kräuter stammen von Biogärtnern der Region, bisweilen sogar aus dem eigenen Garten, in dem man so manchen Sommertag verträumen kann.

Der Vier-Jahreszeiten-Biergarten direkt am See ist auch im Winter bei Sonnenschein geöffnet. Frisch gezapftes Bier und einfache Gerichte stehen hier auf der Karte. Ist der See gefroren, bietet er ein lebendiges Schauspiel, denn dann wird der See zum Schlittschuhparadies. In den gemütlichen Stuben und auf der verglasten Veranda genießt man feine Küche. Sei es das Carpaccio vom Werdenfelser Hirsch, ein köstliches Ragout desselben mit Bitterschokoladensoße und Serviettenknödel, ein im Körnermantel gebratenes Filet vom Uffinger Kalb oder *Duett vom Zander und Saibling*. Der Zubereitung von Gemüse und Salaten wird viel Aufmerksamkeit entgegengebracht und die Desserts sind jede Sünde wert. Köstlich zum Beispiel das hausgemachte Kürbiskern-Eis, grün leuchtend durch das Kernöl, oder das Mohnparfait mit Birnenragout.

🍽 Als »Botschafter der Lebensfreude im Blauen Land« verstehen sich die »Staffelseewirte«; mehr dazu unter www.staffelseewirte.de.

BRÄUSTÜBERL UND BRAUEREI KARG /// UNTERMARKT 27 ///
82418 MURNAU AM STAFFELSEE /// 0 88 41 / 82 72 (BRÄUSTÜBERL) ///
WWW.KARG-WEISSBIER.DE ///

KAFFEEHAUS KRÖNNER /// OBERMARKT 8 ///
SCHOKOLADENMANUFAKTUR /// SEIDLSTRASSE 4 ///
82418 MURNAU AM STAFFELSEE /// 0 88 41 / 12 72 (KAFFEEHAUS) ///
0 88 41 / 6 27 33 88 (SCHOKOLADENMANUFAKTUR) ///
WWW.KROENNER-MURNAU.DE ///

GAR NICHT KARG

Weißbier symbolisiert neben Gamsbart und Lederhosen, Brezen und Weißwürsten bayerische Lebensart. So wurde für den ehemaligen amerikanischen Präsidenten Barack Obama bei seinem Bayernbesuch ein traditionelles Weißwurstfrühstück ausgerichtet, auch mit dem Bier der Murnauer Weißbierbrauerei *Karg*.

Andreas Karg, Brauer aus München, legte zu Beginn des letzten Jahrhunderts den Grundstein für die Weißbierbrauerei im schon damals beliebten Murnau, die heute in vierter Generation geführt wird. Warum das Weißbier so bedeutsam ist, mag ein Blick in die Geschichte zeigen, denn das Bier aus Weizenmalz war lange Zeit eine wichtige Einnahmequelle des Herzogtums Bayern. Mit dem Geld aus dem Weißbiermonopol finanzierten die bayerischen Herzöge unter anderem die hohen Kosten des Dreißigjährigen Krieges. Außerdem besitzt das Weißbier als obergäriges Bier Vorteile: Untergärig gebrautes Bier zeichnete sich zwar durch bessere Haltbarkeit aus, die kühleren Gär- und Lagertemperaturen ließen die Bierproduktion jedoch nur bei entsprechend niedrigen Außentemperaturen zu. Obergäriges Bier hingegen konnte im Sommer, zur Zeit des größten Durstes, gebraut werden.

Zu einer zünftigen Brauerei gehört ein Bräustüberl, so auch beim *Karg*. Man kocht traditionell, gut und bodenständig, bayerische Küche wie zu Großmutters Zeiten in bester Manier und üppigen Portionen. Es gibt zart geschmorte Rinderrouladen wie bei Oma oder Hirschgulasch, mit Knödeln, die in stattlicher Größe in selbstverständlich hausgemachter Soße baden. Aber der Koch schaut gerne Richtung Süden und kredenzt Tagliatelle mit Rahmschwammerln, garantiert kalorienreich, wie die Karte verspricht. Wer nicht so viel Hunger mitbringt, bestellt Radi mit einer Breze zum Bier. Motto: Reinkommen, hinhocken, genießen!

🍫　Wenn schon Kalorien, dann gute! Torten und erlesene Pralinen bietet die Schokoladenmanufaktur von Barbara Krönner im Kaffeehaus und in den beiden Läden in Murnau und Oberammergau.

EIN STERNEKOCH WIRD BODENSTÄNDIG
Murnau am Staffelsee – Restaurant Ähndl

46

Wer einmal auf Michelin-Stern-Niveau gekocht hat, der legt die handwerkliche Präzision auch nicht ab, wenn es etwas schlichter (und wesentlich günstiger) zugeht. Thilo Bischoff bereitet mit regionalen Zutaten traditionelle Gerichte mit jener »gehobenen« Handschrift zu. So wird bei ihm auch ein Saures Lüngerl mit Semmelknödeln zum Star. Die Tafelspitzsülze mit frischen Salaten der Biogärtnerei mit dem schönen Namen *Eden* im benachbarten Ohlstadt ist besser nicht zu machen: kerniges und dabei zartes Fleisch vom Riegseer Weideochsen mit knackigen Gemüsen in einem leicht-luftigen Gelee aus purer Knochenbrühe, einfach ein Gedicht. Eine schlichte Flädlesuppe wird durch eine, selbstverständlich hausgemachte, dichte Brühe und perfekte Pfannkuchenstreifen zur kleinen Delikatesse. Auch ganz normale Bratkartoffeln verwandelt Thilo Bischoff in knusprige Köstlichkeiten. Im Biergarten werden ganz klassisch Brotzeiten serviert – die Zutaten dafür stammen von den besten Metzgern der Region, der Käse von der Hofkäserei *Marx* oder der Ettaler Schaukäserei, das Weißbier von der Brauerei *Karg* (Beitrag 45) im Ort. Auch günstige Kinderteller sind im Angebot, bei denen – sehr lobenswert – ebenfalls auf Qualität geachtet wird. So werden die Kleinen hoffentlich die Genießer von morgen.

Vom Biergarten aus hat man einen sagenhaften Blick ins Blaue Land, wie die Gegend um Murnau, auf die Künstlergruppe *Blauer Reiter* hinweisend, genannt wird. Die Malerin Gabriele Münter, Weggefährtin von Wassily Kandinsky, malte das *Ähndl*, das kleine Kirchlein, nach dem das Gasthaus benannt ist. Wer rechtzeitig vorbestellt, darf freitagabends Thilo Bischoffs ganzes Können beim mehrgängigen Überraschungsmenü *Genuss im Moos* erschmecken.

✎   Empfehlenswert ist auch das trendig-edle, relativ neue *Zum Murnauer,* Frühstücksbar, Bistro und Restaurant gleichermaßen, mit feiner Küche und schöner Terrasse.

frisch aus dem
Garten

Salate	St.	1,60
Gurke n. Gr.		1,20-1,60
Kohlrabi	St.	1,40
Fenchel n Größe		
rote Beete	kg	3,60
Brokkoli	kg	5,80
Zucchini	kg	2,80
Weißkohl	kg	2,80
Spitzkohl		
Mangold		
Bundzwiebel		

Lammfleisch
verschiedene S

eigene
Ernte

Hofladen
&
Hofcafé
geöffnet

KLOSTERGUT SCHLEHDORF /// KIRCHSTRASSE 15 ///
82444 SCHLEHDORF /// 0 88 51 / 9 29 19 80 ///
WWW.KLOSTERGUT-SCHLEHDORF.DE ///

FISCHLADEN SCHRETTER /// SEESTRASSE 20 ///
82444 SCHLEHDORF /// 0 88 51 / 13 45 ///

ÖKOLOGISCH, SOZIAL UND EINFACH GENIAL

Klostergut Schlehdorf

47

Die Grundmauern des Klosters Schlehdorf gehen tief ins Mittelalter zurück. Das hier ansässige Adelsgeschlecht der Huosi gründete es Ende des 8. Jahrhunderts. Der heutige imposante Bau entstand im Barock. Während der Säkularisation wurde das Koster aufgelöst und Anfang des 20. Jahrhunderts von den Missions-Dominikanerinnen erstanden, deren deutscher Hauptsitz das Koster noch heute ist. Zum Kloster gehörte auch eine Gärtnerei, die erst in jüngster Zeit verpachtet wurde. Seit 2014 zeichnet eine regionale Genossenschaft für die Landwirtschaft verantwortlich, über 100 Mitglieder hat sie bereits. Augenmerk liegt auf regionalen Wirtschaftskreisläufen, auf sozialen Projekten und biologischer Landwirtschaft. Der ehemalige Klostergarten wurde nach dem Prinzip der Permakultur umgestaltet, eine Form der Landwirtschaft im Einklang mit der Natur, die optimale Wachstumsbedingungen für eine große Pflanzenvielfalt bietet.

Die Ernte wird im Rahmen einer Solidarischen Landwirtschaft (SoLaWi) geteilt, aber auch im Hofladen angeboten. Auch die Eier der rund 200 Hennen, die im mobilen Hühnerstall gehalten werden, sowie Honig aus der eigenen Imkerei sind hier erhältlich. Dazu kommen Bioprodukte und regionale Spezialitäten. Eine Besonderheit sind das Fleisch und die Wolle, darunter auch spezielle Heilwolle, der seltenen Brillenschafe, die hier gezüchtet werden. Aus Bohnen der Murnauer Kaffeerösterei brüht man Espresso oder Cappuccino, die zusammen mit hausgebackenen Kuchen im Hofcafé serviert werden.

Im Sommer finden regelmäßig Führungen durch Garten und Landwirtschaft statt, so dass man sich neben frischestem Gemüse, Kräutern und Tees auch gute Ideen für die eigene Gartengestaltung mit nach Hause nehmen kann.

🐟 Fische aus dem Kochelsee, frisch sowie kreativ zubereitet, gibt es im Fischladen der Familie Schretter. Die Gäste ihrer beiden Ferienwohnungen können auf Anfrage zum Fischen mitfahren.

BONJOUR BAVIÈRE
Kochel am See – Kochler Stuben

48

In der Münchner Fraunhoferstraße befand sich lange Jahre das Restaurant *Kleinschmitz,* ein Pilgerziel für Genießer. »Ausnehmend gut« war nur eines von vielen sehr positiven Urteilen über den Küchenstil. Beliebt waren die perfekt zubereiteten bayerischen Klassiker wie geschmorte Kalbsbackerl mit Wurzelgemüse, sehr gefragt aber auch die mediterran inspirierten Speisen. Wer vermutete, ein wenig Frankreich herauszuschmecken, lag richtig, denn lange Zeit war Laurent Pigault für die Küche verantwortlich. Die Trauer war groß, als der kleine Genusstempel schloss.

Doch vorbei der Kummer, denn Laurent Pigault entdeckte Kochel am See. Die Gemeinde renovierte Saal und Gaststube des Gebäudes, in dem auch die Heimatbühne und das Kino untergebracht sind. Ein wunderschöner, lichtdurchfluteter Raum mit Schreinermöbeln aus heimischen Hölzern in modernem Design entstand in dem ansonsten recht schmucklosen Gebäude nur fünf Minuten von der Seepromenade entfernt. Und dort gelingt Laurent ein kulinarischer bayerisch-französischer Spagat, der seinesgleichen sucht. Denn einträchtig beisammen findet man Leberknödelsuppe und Zwiebelrostbraten, Kocheler Tellerfleisch und geschmorte Beinscheibe vom Ochsen, gebratene Kochelseefische und Rahmschwammerl mit Brezenknödeln neben Bouillabaisse mit Rouille und Croutons, Weinbergschnecken und Loup de Mer à la Provençale. Die Zutaten bezieht der Koch entweder von regionalen Betrieben wie der Kochelseefischerei *Kneidl* oder der ortsansässigen Landmetzgerei *Pfleger.* Fischliebhaber sollten sich einen der letzten Samstage des Monats reservieren: Austern, Bulots (Meeresschnecken), Bigorneaux (Meeresschnecken), Langoustinen und Taschenkrebse frisch aus Frankreich warten auf sie.

⚶ Eine ausgezeichnete heimische und internationale Käseauswahl, dazu vielerlei weitere Köstlichkeiten und Bioprodukte findet man bei *Käse & Naturkost Jäger,* ebenfalls in Kochel.

KRAMERLADEN GLENTLEITEN /// AN DER GLENTLEITEN 4 ///
82439 GROSSWEIL /// 0 88 51 / 75 27 ///
WWW.KRAMERLADEN-GLENTLEITEN.NET /// WWW.GLENTLEITEN.DE ///

Der Kramerladen ist Teil eines ganz besonderen und auch aus kulinarischen Gründen sehr sehenswerten Museums. Denn im *Freilichtmuseum Glentleiten* sind nicht nur über 60 Bauernhäuser zu besichtigen, die andernorts ab- und hier Stein für Stein und Balken für Balken wieder aufgebaut wurden (im Übrigen, sofern vorhanden, inklusive Mobiliar und Geschirr). Zusätzlich zur Architektur wird auch bäuerliches Leben früherer Zeiten lebendig gezeigt. Dazu gehören die Bauerngärten vor den Häusern und auch Tiere. Hier weiden Schafe und Rinder, picken Hühner in Streuobstwiesen. Die Tiere sind allesamt seltene, vom Aussterben bedrohte Rassen wie das Alpine Steinschaf, das Murnau-Werdenfelser Rind oder die glücklicherweise wieder gezüchteten »Zweinutzungshühner«, die Eier legen, aber auch Fleisch liefern. Die Früchte der Gärten werden zu Saft und Marmelade verarbeitet, erhältlich im Kramladen, der sich in einem der historischen Gebäude befindet.

In den Regalen dieses liebevoll eingerichteten Ladens bekommt man das, was es früher in den Tante-Emma-Läden gab: einige Lebensmittel, Vorräte aller Art, dazu ein paar Süßigkeiten und etwas Hausrat – hübsche Keramik oder altmodisch anmutende Kochutensilien. Die »Vorräte« – Eingelegtes, Soßen, Wildkräuterpesto oder Fruchtaufstriche – sind alle hausgemacht, von Kräuterfachfrau und Kochbuchautorin Marlies Heinritzi liebevoll auf traditionelle Art hergestellt.

Den Laden mit Brotzeitstube und Gastgarten betreibt inzwischen ihr Sohn Hans. Angeboten werden hausgebackene Kuchen, Kaffee, Säfte vom Streuobst und zünftige Brotzeit mit regionalen Produkten. Lohnenswert das große Samstagsfrühstück mit Räucherfisch vom Kochelsee, hausgemachtem Obazden, Spezialitäten aus dem Kräutergarten, Weißwürsten und Süßem. Unbedingt reservieren.

🍶 In der *Museumsbrauerei* im neu renovierten Eingangsbereich des *Freilichtmuseums Glentleiten* kann man den Brauern der Murnauer Weißbierbrauerei *Karg* bei der Arbeit zusehen und Brotzeit genießen.

BACKE, BACKE BROT!

»Kommt zum Essen, es gibt frisch gebackenes Brot«, meinte mein Bruder. Seit wann, dachte ich, backt er Brot? Das Brot war hervorragend, dazu gab es frische Forellen aus dem Kochelsee, Käse von *Jäger*, dem hervorragenden Käseladen in Kochel, und noch so manch andere Köstlichkeit.

Ich lobte das Brot und fragte nach: Ist es wirklich hausgebacken? Mit Sauerteig oder mit Hefe? Welche Getreidesorten? Mein Bruder gestand: Das Brot gäbe es in der Familie öfter, seine Frau backe es immer frisch, und zwar mit einer Backmischung der *Off-Mühle* im nahen Sindelsdorf, auf der gegenüberliegenden Seite des Kocheler Moors.

Hier muss man dazusagen, dass Backmischung und Backmischung genauso wenig miteinander zu tun haben kann wie Mehl und Mehl. Auf den Tüten steht zwar »Weizenmehl Type 405« für feines Mehl, oder »Type 1050«. Doch diese Typenbezeichnung hat nur etwas mit dem sogenannten Ausmahlgrad des Getreides zu tun.

Zunächst ist wichtig: Nur aus gutem Getreide entsteht gutes Mehl. Doch damit ist es noch nicht getan: Auch unterschiedliche Chargen, also Getreide von verschiedenen Feldern, werden durch die erfahrene Hand des Müllers so gemischt, dass ideale Backeigenschaften entstehen. In der *Off-Mühle* wird ausschließlich biologisch angebautes Getreide der Region verarbeitet. Daraus entsteht gutes Mehl und nur solches, unter Zusatz von ausschließlich natürlichen Zutaten, wandert in die Backmischung. Im Mühlenladen findet man alles zum Brotbacken wie Sauerteig oder Brotgärkörbe, seltene Mehle aus alten Getreidesorten wie Emmer, Einkorn oder Ur-Roggen. Der Laden bietet viele Dinkelprodukte wie Nudeln oder Backerbsen für alle, die Weizen nicht vertragen. Ergänzt wird das Sortiment durch eine große Vielfalt an Bioprodukten von Käse und Milch bis zu Fruchtaufstrichen oder Säften aus der Region.

✍   Sehr empfehlenswert ist das Restaurant *Herzogin Anna* beim Gestüt *Schweiganger* ganz in der Nähe, mit traditionell bayerischer Frischeküche und einem genießerischen Blick nach Südtirol.

Der Gasthof *Petermichl* mitten in Antdorf gehört zu den spannendsten Entdeckungen bei der Recherche für dieses Buch. Im ersten Moment mag man von der etwas überdimensionierten Brauereireklame und den in Plastik verpackten Speisekarten abgeschreckt sein, doch der Blick ins Innere und die ausgesprochen freundliche Bedienung machen alles gleich wieder wett. Im Sommer laden Tische ums Haus herum zum Platznehmen ein, die Straße davor ist wenig befahren. Je nachdem, auf welcher Seite des Hauses man Platz genommen hat, genießt man den sagenhaften Ausblick über das Murnauer Moor in die Berge oder den spannenden Einblick in die genauso kreative wie präzise Küche von Felix Ponholzer.

Als Vorspeise ist der in würziger Coppa gebratene Weinbergpfirsich oder die hausgemachte Kalbssülze mit zartem Fleisch und viel Gemüse, dazu gartenfrische Salate, ein kulinarischer Hochgenuss. Dass bei einem Gasthof mit Metzgerei Fleischgerichte von besonderer Qualität sind, ist beinahe selbstverständlich, wie das saftige Schweinehalsgratsteak mit konzentrierter Soße beweist. Doch die vegetarischen Gerichte stehen in Qualität und Kreativität nicht nach, aromatische Gemüsepflanzerl mit Käse und eine ausgesprochen fruchtige Tomatensoße sind Beleg dafür. Später im Jahr zeigt der Koch, was man mit Wintergemüse machen kann, und serviert Wirsingwickerl mit Hirschfleisch gefüllt, dazu Hagebuttensoße und geschmortes Kürbiskraut oder Tafelspitzbouillon mit hausgemachten Leberspätzle und knackigen Gemüsestreifen.

Desserts und Kuchen sind ebenfalls hausgemacht, im Sommer gibt es beispielsweise köstliche Sorbets aus frischen Früchten. Lobenswert ist auch die für einen bayerischen Gasthof sehr umfangreiche und gut sortierte Weinkarte. Außerdem werden täglich wechselnde günstige Mittagsmenüs angeboten, die einen kleinen Umweg nach Antdorf lohnen.

⌇ In der hauseigenen Metzgerei werden Murnau-Werdenfelser Rinder aus der Gegend verarbeitet, eine regionale Rinderrasse, die vom Aussterben bedroht war, heute aber wieder gezüchtet wird.

LANDGASTHOF OSTERSEEN /// HOFMARK 9 /// 82393 IFFELDORF ///
0 88 56 / 9 28 60 /// WWW.LANDGASTHOF-OSTERSEEN.DE ///

BAYERISCHE TAPAS MIT SEEBLICK
Iffeldorf – Landgasthof Osterseen

Es gibt Küchenmoden, die zaubern ein Lächeln auf die Gesichter von Genießern. Zum Beispiel *Bayerische Tapas* – bayerische Spezialitäten in Kleinportionen serviert. Im Landgasthof *Osterseen* werden Wurstsalat, Suppe oder Schweinebraten ganz besonders reizend in kleinen Portiönchen gereicht und darüber hinaus sehr sorgfältig zubereitet. An einem sonnigen Sommertag sitzen wir auf der Terrasse und warten auf das Essen. Da wird mir ein zauberhafter Teller gereicht, mit einem Mini-Bierkrügelchen in der Mitte, drinnen eine sämig-schaumige Kartoffelsuppe mit frischen Gartenkräutern. Daneben liegt ein Stück zart geräucherte Lachsforelle mit einem Klecks hausgemachter Meerrettichsoße, die auf einem Radieschenscheibchen angerichtet wurde. Sodann ein Stückchen rosa gebratenes Rinderfilet mit aufgeschlagener Kräuterbutter, ein Kartoffeltürmchen aus Bratkartoffelscheiben sowie ein Pflanzerl vom Kalbfleisch mit Obazdem und einer Mini-Brezen garniert.

Der Blick schweift von der Terrasse aus über die namensgebenden Osterseen, ein Naturschutzgebiet mit vielen kleinen Seen und Schilfgürteln, nur manche sind zum Baden freigegeben. Dies und die Tatsache, dass Iffeldorf etwas abseits der großen Verbindungsstraßen liegt, mag der Grund dafür sein, dass man hier zwar nicht allein ist, aber doch ist es nicht überlaufen.

Küchenchef Simon Fleckenstein setzt auf frische und hochwertige Produkte. Er bezieht seine Zutaten von ausgewählten regionalen Lieferanten, Fischereien und Bauern und legt großen Wert auf jahreszeitliche Küche und Nachhaltigkeit. Hausgemachtes Hirschpastrami oder zitrusgebeiztes Zanderfilet stehen ebenso auf der Karte wie schlichtere, günstige Traditionsgerichte, beispielsweise Ochsenbrust, Schnitzel oder Bauernente. Schön, dass es die Hauptgerichte auch als Menüportion gibt, denn man sollte von den köstlichen Desserts probieren.

✍ Im *Hausladen* kann man selbst gemachtes Griebenschmalz, Gewürze, Marmeladen, Liköre und weitere Köstlichkeiten zum Mitnehmen erwerben oder auch online bestellen.

Ich witzle mit dem fröhlichen Ober: »Berge im Hintergrund hätten ja schon noch drin sein können.« Ich schaue auf den Starnberger See, die Berge fehlen, denn ich bin in Seeshaupt, am Südufer des drittgrößten bayerischen Sees. Mein Blick schweift von den alten hohen Bäumen über den Steg, der weit in den See hineinragt, über bunte Boote hin in den weiß-blauen Himmel – ein Bilderbuchtag. Ich seufze, als mich der Ober durch leichtes Räuspern wieder zurück ans Ufer bringt.

Ich vertiefe mich in die Karte und finde bayerische Klassiker wie Schweinsbraten, Wurstsalat oder Schnitzel; selbstverständlich spielen die Fische vom See eine Rolle – als gebratenes Forellenfilet mit Sommergemüse oder pochierter Saibling auf Wurzelgemüsebett. Lobend erwähnt sei das Angebot an fast ausgestorbenen Klassikern wie ein herrlich knusprig gebratener Kalbskopf mit Kartoffelsalat oder Saures Lüngerl, akkurat zubereitet. Wer etwas edler speisen will, widmet sich der *Küche aus dem Blauen Land,* woher die ehemals vom Aussterben bedrohten Murnau-Werdenfelser Rinder stammen. Artgerecht gehalten liefern sie das Fleisch für T-Bone-Steak (mit Ofenkartoffel und knackigen Salaten), Kotelett oder Steak. Dips und Soßen sind hausgemacht und konzentriert. Wirklich günstig kalkulierte Kinderteller und Desserts runden das Angebot des ehemaligen Sternekochs Thilo Bischoff ab. Er betreibt nicht nur das Restaurant *Ähndl* in Murnau (Beitrag 46), sondern erfreut mit seiner Crew auch in Seeshaupt die Genießer unter dem Motto: »Wir tun genau das, was wir am besten können: kochen! Auf dem Teller landet überwiegend, was die Region bietet: Fische aus dem Starnberger See und dem Kochelsee, Wild aus dem Murnauer Moos, Fleisch vom Murnau-Werdenfelser Rind, Gemüse und Salate aus dem *Garten Eden,* Käse von der Hofmolkerei *Zum Marx.*«

☞ Besuchenswertes Kleinod am Ort ist der wunderschöne Schaugarten und gleich nebendran der *Seeshaupter Hofladen* mit einer ausgezeichneten Auswahl an Biospezialitäten.

PFEFFERMINZMUSEUM EICHENAU /// PARKSTRASSE 43 ///
82223 EICHENAU /// 0 81 41 / 76 46 /// WWW.MINZMUSEUM.DE ///

EIN WÜRZIGES MUSEUM

Pfefferminzmuseum Eichenau

Vor den westlichen Toren Münchens wurde bis 1980 Pfefferminze geerntet, die weltweit als Tee und Heilmittel gefragt war. Ende der 1930er-Jahre erreichte der Ertrag von über 40 Hektar Fläche das Höchstmaß mit 43 Tonnen jährlich. Der eher sumpfige Boden war und ist ideal für die Kräuterkultur, der arbeitsintensive, handwerkliche Anbau erfolgte ohne Unkrautvernichtungsmittel. Seit einigen Jahren wird diese Tradition auf gerade einmal 800 Quadratmetern wiederbelebt, mit allen Übernahmen biologisch-nachhaltiger Verfahren.

Pfefferminze trug wesentlich zum wirtschaftlichen Aufstieg der Region bei. Das 1986 gegründete *Pfefferminzmuseum Eichenau* bewahrt diese wichtige Geschichte. So erfährt man beispielsweise, dass hinter allem ein Postbeamter steckt: Adolf Pfaffinger hatte 1918 aus dem Versuchsgarten der TU München einen Rucksack voll Pfefferminzwurzeln mit nach Eichenau genommen und damit den Grundstein für die »Eichenauer Ware« mit deutscher Spitzenqualität gelegt. Sonntagnachmittags können Besucher mit allen Sinnen die ehrenamtlich geführte und kostenlose Ausstellung (Spenden willkommen!) besuchen, sie werden mit einer feinen Tasse Tee begrüßt, erfahren viel über die Historie des Eichenauer Minz-Anbaus und über die dort tätigen »Teeweiber«, dürfen die getrockneten Blätter fühlen, zerreiben, riechen. Das Interesse an internationaler Küche gibt der Minze neuen Aufschwung: Couscous, Taboulé, Lammbraten, vielerlei Desserts, aber auch Cocktails verhelfen ihr wieder zu Ehren.

Der Ausflug nach Eichenau lohnt sich auf jeden Fall. Sie werden überaus freundlich und kompetent empfangen und beraten. Auch für die Kinder ist gesorgt – das *Teebauernspiel* lässt sie spielerisch die einzelnen Arbeitsschritte nachvollziehen und den Rundgang durch das Museum als Erlebnis erfahren.

✍ Minzsirup ist eine erfrischende Zutat für Drinks und Desserts. Dazu Zucker und Wasser 1:1 aufkochen, Minze und Zitronenscheiben zufügen, zwei Wochen ziehen lassen, dann abfiltern.

MÜNCHNER KINDL – MANUFAKTUR FÜR FEINE KOST ///
LIEBIGSTRASSE 15 /// 82256 FÜRSTENFELDBRUCK ///
0 81 41 / 36 37 70 /// WWW.MUENCHNER-KINDL-SENF.COM ///

HIER GIBT EINER SEINEN BIOSENF DAZU

Fürstenfeldbruck – Münchner Kindl –
Manufaktur für feine Kost

(55)

Angefangen hat die Geschichte der Manufaktur mit Senf – und zwar süßem Senf. Der gehört zur bayerischen Seele. Ohne ihn keine Weißwurst und ohne sie keinen Weißwurstäquator. Als »Mitgebsel« einer Metzgerei auf dem Münchner Viktualienmarkt war er gedacht, die dort seit den 1920er-Jahren Fleisch und Wurst verkaufte. Und weil dieser Senf so gut schmeckte, brachte man ihn schließlich als eigenständiges Produkt heraus. Der Süße brauchte einen Namen und wurde *Münchner Kindl Senf* genannt.

So hieß das Unternehmen bis vor Kurzem, obwohl sich die Fertigung schon recht lang in Fürstenfeldbruck westlich der Landeshauptstadt befindet. Zum klassischen süßen kamen viele andere Senfsorten, von scharf bis körnig, von heimischem Bärlauch- bis zum exotischen Mangosenf. Die Mangos stammen natürlich nicht von hier, aber ansonsten bezieht Familie Hartl die Zutaten aus der Nähe und produziert biologisch. Schon seit den 1980er-Jahren verstehen sie sich als Bio-Botschafter in der Feinkostkultur. Der Senf beispielsweise wird rund um Pfaffenhofen an der Ilm auf eigenen Feldern angebaut, ebenso wie die Sonnenblumen, deren Kerne in die Mayonnaise wandern. Die Eier, die man verarbeitet, stammen selbstverständlich ebenso aus einem Biobetrieb in der Nähe.

Zum Senf gesellen sich die *Dipponaisen* mit Paprika, Bärlauch oder Zitrone. Letztere passt bestens zu Fleisch oder Fisch vom Grill. Und Grillen scheint eine Leidenschaft der Familie Hartl zu sein, denn inzwischen rührt man eine Vielzahl von BBQ-Soßen, mal klassisch, mal rauchig, mal pikant, mal asiatisch. Vom Münchner Viktualienmarkt hinaus in die Welt und wieder zurück, so kann man die Firmengeschichte beschreiben, denn seit 2011 gibt es dort wieder eine Verkaufsstelle.

Auf der Internetseite des Unternehmens finden sich jede Menge nachahmenswerte Rezepte – vom besonderen Obazden mit Senf über *Bayern-Burrito* bis hin zu *Macadamia-Cookies*.

METZGEREI GALL /// LANDSBERGER STRASSE 17 ///
86938 SCHONDORF AM AMMERSEE /// 0 81 92 / 2 13 ///
WWW.METZGEREI-GALL.DE ///

EIN WAHRER MEISTER SEINES FACHS
Schondorf am Ammersee – Metzgerei Gall

56

Betritt man den Laden der Metzgerei *Gall* in Schondorf, merkt man sofort, dass es sich hier nicht um irgendeinen Metzger handelt. Wunderschön präsentiert reiht sich Spezialität an Spezialität. An den Wänden hängen Fotos von glücklichen Schweinen mit schwarzer Zeichnung. Es handelt sich um Schwäbisch-Hällische Landschweine, eine der besten Schweinerassen, die beinahe ausgestorben wäre. Sie liefern kerniges, hervorragendes Fleisch. Doch ihre Haltung stellte viele Bauern vor eine Herausforderung: Sie lassen sich nicht in enge Ställe sperren. Sie brauchen Auslauf, frische Luft, Wiesen zum Tummeln und Schlammgruben, um sich darin zu wälzen. Die Regeln, die sich die *Bäuerliche Erzeugergemeinschaft Schwäbisch-Hall* auferlegt hat, sind strenger als so manche Biovorschriften. Es dürfte wenige Metzgereibetriebe geben, die ihre Wurstsorten ausschließlich aus diesem hochwertigen Fleisch herstellen. Bei *Gall* ist das inzwischen Tradition.

Metzgermeister Josef Gall beherrscht und liebt sein Handwerk. Egal ob traditionelle Sorten wie Wiener oder Weißwürste – alles ist von bester Qualität. Zum eigenen Sortiment kommen handverlesene Spezialitäten. Man bezieht Geflügel und Wild oder das Schondorfer Bio-Weiderind von besten Produzenten der Region. Doch auch wer Barbarie-Enten, französische Pasteten oder sogar Fisch sucht, wird bei *Gall* fündig. Dazu bietet die Metzgerei eine ansprechende Käseauswahl und viele andere Spezialitäten wie Bioprodukte der bayerisch-toskanischen Firma *La Selva* an.

Hausgemacht und unter Verwendung bester Zutaten sind die traditionellen Angebote des Mittagstischs der Metzgerei von Fleischpflanzerl, Schnitzel oder Braten mit Salaten. Wer feiern will, bestellt bei *Gall* ein bayerisches Buffet vom Feinsten.

Viel Interessantes zum Schwäbisch-Hällischen Landschwein findet man auf der Website der Erzeugergemeinschaft; Fleisch und andere Produkte können auch online erworben werden. www.besh.de

FRISCHER WIND AM AMMERSEE

57

Utting am Ammersee –
Lenas am See – Café·Restaurant·Bar

Ein warmer Sommerwind weht, ich sitze auf den schönen und bequemen Terrassenmöbeln vom *Lenas* direkt am Ammersee, meine Füße baumeln fast im Wasser. Während ich auf das Essen warte, beobachte ich die Segler auf dem See. Urlaubsgefühl pur …

Die weiten Panoramafenster ermöglichen auch vom Innern aus eine atemberaubende Aussicht aufs Wasser, aber der Blick sollte nicht von den schön präsentierten Tellern ablenken. Dort nämlich finden Genießer seit Sommer 2017 kreative Vorspeisen wie gebeizten Saibling mit Kartoffelblinis oder geräuchertes Entenbrustfilet mit gebackenem Apfel. Hauptspeise kann ein Zander aus dem Ammersee sein, mit Risotto vom grünen Spargel, Reh als Ragout und Filet mit Kürbis und Himbeerjus, aber auch Traditionelles wie Schnitzel oder Rouladen mit hausgemachtem Blaukraut. Trendig kommt ein Spanferkel-Burger mit Süßkartoffelpommes daher und für Kinder gibt's hausgemachte Nudeln mit frischer Tomatensoße oder *Ammersee-Nuggets,* wohinter sich Kartoffeldipper verbergen, zum günstigen Preis. Und nicht nur Kinder lieben das hausgemachte Eis, das man auch zum Mitnehmen kugelweise kaufen kann. Zum Kaffee gibt's hausgebackene Kuchen von Uttings bester Bäckerin Ute Jesina.

Lena Mielke beschloss, die Gastronomietradition der Familie fortzusetzen. Die Urgroßmutter eröffnete ein Café, die Großeltern führten es weiter. Doch Lenas Eltern verpachteten das Haus am See und ergriffen andere Berufe. Aber die Tochter hatte von Kindesbeinen an einen Traum: das Haus am See einmal selbst zu führen. Mit diesem Ziel absolvierte sie nach dem Abitur eine Ausbildung zur Hotelfachfrau, gefolgt vom Hotelmanagement-Studium in Den Haag. Berufserfahrung sammelte sie im *The Ritz-Carlton* in Berlin. Ein Glück für alle Genießer, dass sie dann Heimweh nach dem Ammersee verspürte!

🍴 Jeden Samstagvormittag im Sommer bietet Utting in der Mühlbachstraße einen kleinen, aber feinen Wochenmarkt, wo es die guten Kuchen von Frau Jesina auch stückweise zu kaufen gibt.

MARKTHALLE DIESSEN /// WINDERMERESTRASSE 2 ///
86911 DIESSEN AM AMMERSEE /// WWW.MARKTHALLE-DIESSEN.DE ///

VIKTUALIENMARKT DIESSEN /// VON-EICHENDORFF-STRASSE 1 ///
86911 DIESSEN AM AMMERSEE /// WWW.VIKTUALIENMARKT-DIESSEN.DE ///

REGIONALES FEINSCHMECKERPARADIES
Markthalle Dießen

58

Markttag ist immer schön. Man geht hin, trifft Leute, ratscht mit den Standl-Leuten. Das sind in der 2005 aus Eigeninitiative entstandenen Markthalle – die man mit viel Eigenarbeit liebevoll herausgeputzt hat – vornehmlich Erzeuger aus der Region.

Ein Rundgang: Zuerst genieße ich einen Cappuccino und dazu ein Stück hausgebackenen Kuchen vom Stand gegenüber, der auch Blumen und Pflanzen führt. Doch dann geht's ans Einkaufen. Biohonig und allerlei Bienenprodukte werden nebenan geboten. Weiter zum Stand der Bioland-Gärtnerei *Albrecht;* dank Gewächshaus findet man hier auch Südliches wie Paprika oder Auberginen und ansonsten die ganze Vielfalt von Salaten, Gemüsen und Kräutern. Wer hier nicht fündig wird, geht weiter zum *Streicher,* der Gärtnerei aus dem benachbarten Utting, die ebenfalls Selbstangebautes, aber auch Frisches von der Münchner Großmarkthalle anbietet. Der Geflügelhof *Fischer* arbeitet nach Kriterien der Regionalinitiative *Unser Land* und verkauft Eier, Fleisch von Huhn und Ente, selbst hergestellte Schmankerl wie Geflügelsülze oder geräucherte Entenschenkel. Wer lieber Lamm mag, geht zu Markus Schnitzler. Sein Ammersee-Lamm wächst hier auf und wird von ihm selbst geschlachtet – er ist Landwirtschafts- und Metzgermeister und einer der Initiatoren des Marktes. Aus dem Allgäu stammt das Wild vom Stand nebenan. Exzellenten Fisch bietet die Fischräucherei Schießl (Beitrag 63); erwähnenswert die kaltgeräucherten Lachsforellen. Frisch gepresste Säfte, Suppen und belegte Brote stärken die Marktbesucher. Mediterranes wie Oliven oder Weinblätter bietet Barbara Seidl. Käseliebhaber sollten unbedingt ihren Wochenbedarf bei Felix Bartholl decken, der in Waal, kurz hinter dem Lech gelegen, Biokäse der allerfeinsten Art reifen lässt.

🌿   Auch mittwochs ist Markt in Dießen, unter anderem mit Obst und Gemüse von *Bio-Blundell,* Fleisch und Geflügel vom *Konradhof* (Beitrag 39) und Hähnchen und Gegrilltem der *Markt-Rôtisserie.*

CRAFT BRÄU

BIER AUS DIESSEN

UNFILTRIERT

NOMEN EST OMEN

Dießen am Ammersee – Craft Bräu

59

Früher wurde Bier ausschließlich regional gebraut, in kleinen Brauereien, von denen es in vielen Orten sogar mehrere gab. So auch in Dießen am Ammersee. Der Grund: Eine der wichtigsten Zutaten von gutem Bier ist gutes Wasser, und das ist in Dießen reichlich vorhanden. Aufgrund der Industrialisierung und der verbesserten Transportmöglichkeiten setzte dann jedoch auch hier das große Brauereiensterben ein. Nur wenige der privaten und kleineren Brauereien überlebten bis heute, ein Beispiel ist *Dachsbräu* in Weilheim. Die seit einiger Zeit im Trend liegenden sogenannten Craft-Brauereien, die unabhängig von einer großen Brauerei wieder verstärkt handwerklich arbeiten, beleben dadurch eine Tradition wieder, erwecken ein altes Kulturgut zum Leben. Die Craft-Brauer Claus Bakenecker und Martin Hug gaben Dießen endlich wieder ein eigenes Bier zurück und dafür dürfen sie wirklich gelobt werden.

Claus lacht, wenn man ihn nach den Anfängen fragt. »Wir mussten zu Beginn viel wegschütten.« Doch das ist längst Vergangenheit. Inzwischen füllen sie in ihrem *Gassenschank* vier verschiedene Sorten ins Glas, immer dienstags, donnerstags und freitags. Das klassische bernsteinfarbene Helle *Craftsport*, den bitter-hopfigen *Hellmut*, den dunklen Bock *CB Blackout* sowie das India Pale Ale (IPA) *Hope* – Hopfenaroma trifft auf Bitternoten. Doch wer mutig autodidaktisch Bier brauen lernt, allerlei Hürden überwindet, ein altes Hinterhofgebäude mit viel Eigenarbeit renoviert, der hat noch mehr Ideen. Die Dießener Brauer erfanden zur Freude vieler den *Zwonnerstag* – an jedem zweiten Donnerstag im Monat gibt's Kultur im Herzen der Marktgemeinde, mal Kabarett, mal Musik. Ergänzen sollte man vielleicht noch, dass das Bier nach dem altehrwürdigen bayerischen Reinheitsgebot gebraut ist, das inzwischen über 500 Jahre auf dem Buckel hat.

Im historischen Landschaftspark des Freiherrn von Schacky, der in den letzten Jahren liebevoll renoviert wurde, kann man das *Entenhaus,* ein Holzhäuschen im Scheunenstil, für Feiern mieten.

Wanderer, die den Schildern zur *Villa Möstl* folgen, werden gleich in mehrfacher Hinsicht belohnt. Der versteckte Weiler inmitten der ausgedehnten Wälder zwischen Ammersee und Lech liegt malerisch zwischen Pferdekoppeln und Wiesen, auf denen noch Kühe weiden. Ein Bächlein murmelt den Weg entlang, wer genau hinsieht, entdeckt Molche. Angekommen beim Hofcafé, kann es sein, dass man von Ronja, der gutmütigen Hofhündin, begrüßt wird. Oder von Bonnie und Clyde, den zwei Hofschweinen, die als Haustiere gehalten werden. Oder es schnattert die muntere Entenschar durch den Garten. Damit die Besucher alles in dieser Idylle betrachten und begehen können, mähen die Möstls Wege in die Wiesen ums Haus herum.

Hungrig geworden vom Spaziergang, lässt man sich in den schönen Räumen der historischen Bauernvilla nieder oder blickt von Veranda oder Gartentischen aus in die Welt der Wildkräuter. Letztere landen in kreativer Form auch auf den Tellern, denn Gertrud Möstl ist Kräuterpädagogin und veranstaltet regelmäßig Kräuterwanderungen mit anschließendem Kochkurs.

Wer nicht selber sammeln will, bestellt die Gründonnerstags- oder Neun-Kräuter-Suppe, den hausgemachten Kräuterquark, der zum köstlichen selbst gebackenen Bauernbrot gereicht wird, oder eine kräutrige Gemüsequiche. Die Brennnesseln ums Haus herum wandern in grüne Nocken, die ebenso hübsch anzusehen sind, wie sie schmecken. Es gibt außerdem Brotzeit mit Wurst vom Metzger *Lechle* und Käse, der am Hof aus der Milch der eigenen Kühe hergestellt wird. Schleckermäuler sollten unbedingt die hausgemachten Kuchen und Torten probieren. Die schöne Veranda wird von einer stattlichen Kletterpflanze beschattet, deren Früchte sich als Mini-Kiwis herausstellen. Im Herbst, wenn sie reif sind, bereichern sie das Kuchenbuffet.

🖐 Nicht weit entfernt kann man auf Voranmeldung den herrlichen Garten der »Gartenbäuerin« Christine Stedele besuchen. Sie bietet allerlei Kurse und Führungen an.

ACH DU DICKES EI!

Hofstetten – Straußennest Wiedemann

20 Hühnereier ergeben ein Straußenei. Da muss man schon einen sehr großen Kuchen backen oder man macht Nudeln von besonders kerniger Qualität. Der Strauß ist ein Laufvogel aus Afrika, der sehr viel Auslauffläche braucht. Dass es den imposanten Tieren bei den Wiedemanns gut geht, merkt man gleich, wenn man den Hof besucht. Erst werden die Gäste etwas kritisch beäugt, dann kommen die ganz Mutigen von der großen Weide an den Zaun und nach und nach alle der rund 90 Tiere am Hof. Strauße sind extrem neugierig, recken ihre langen Hälse und schauen, ob vor dem Zaun nicht noch besseres Gras wächst.

Strauße brauchen zwei ganze Jahre, bis sie geschlechtsreif werden. Erst nach einem guten Jahr erkennt man überhaupt, was Männlein, was Weiblein ist. Die Hähne haben dann fast schwarzes Gefieder und einen etwas rötlicheren Schnabel. Um an Straußeneier zu kommen, ist also zum einen Geduld, zum anderen aber auch Vorsicht angesagt. Weil der Hahn seine Hennen (und freilich deren Eier) verteidigt, haben die Wiedemanns einen Teleskopbesen zum Eiersammler umfunktioniert.

Straußenfleisch ist extrem fettarm, dabei zart im Geschmack, es enthält viele Vitamine und Eisen. Man kann es grillen, schmoren, zarte Stücke kurz braten. Die Wiedemanns verwerten das ganze Tier, alles, was Verwendung finden kann, wird genutzt. Aus dem Hals lässt sich eine köstliche Suppe kochen, das beste Fleisch steckt in den großen Keulen. Aus der Leber bereitet ein Metzger würzige Leberwurst, aus anderen Teilen Bratwürste oder ausgesprochen feinen Straußenleberkäs zu. Dies alles bieten die Wiedemanns im kleinen Hofladen zum Verkauf – Fleisch sollte man aber unbedingt vorbestellen. Käse aus der Milch der eigenen Kühe, den eine mobile Käserei vor Ort herstellt, bereichert das Angebot.

Eine Delikatesse sind Carpaccio oder Tatar aus Straußenfleisch. Für das Tatar schneidet man das Fleisch mit einem Messer sehr fein und würzt mit Fleur de Sel, Cornichons und bestem Olivenöl.

Es war einmal eine leere Scheune. Genau ihretwegen wurde das alte Bauernhaus erworben. Heute sind Haus und Garten hübsch herge-richtet, die Scheune beherbergt ein zauberhaftes Café, draußen sitzt man zwischen Blumenbeeten am Teich und schaut den Laufenten beim Baden zu. Oder man hört Musik. Die kommt aus dem kleinen Café mit seinen gut 40 Plätzen. Der *Kultur-Stadl* bietet ein ausge-suchtes Programm mit Klassischem, Rockigem oder auch Musik-Ka-barett und Lesungen, am häufigsten jedoch Jazz, denn der Hausherr Notker Zikeli ist studierter Jazzer. Als Programmmacher und Event-organisator, Koch und Wirt mit Leib und Seele erfüllte er sich mit dem *Kultur-Stadl* einen Traum.

Die ausgezeichneten Kuchen (wie Tiramisu-Torte oder Lech-welle) backen seine Mutter oder die Ehefrau, der man auch im Ser-vice begegnet. Dazu gibt es eine kleine Tageskarte mit saisonalen Gerichten: Spargel im Frühling, Wild im Herbst, marktfrische Salate. Aus dem Vollen schöpft der Koch-Autodidakt bei den kulinarischen Themenabenden, wo es schon mal international wird. Spanische Ta-pas, italienische Antipasti, Muscheln frisch aus der Bretagne oder ein Steak-Abend mit Steaks vom Dry-Aged-Biorind des Metzgers Braun aus Wiedenzhausen (Beitrag 67), bei dem die Rinder Mozart hören dürfen. Menüs mit ausgewählter und ausgezeichneter Weinbeglei-tung und feine Destillate wie der grüne *Gin Chilla* oder der Bayern-Whisky *Slyrs* aus der Edeldestille *Lantenhammer* (Beitrag 25) runden das Angebot ab.

Seiner Zeit als Profi-Jazzer trauert Notker nicht nach; er habe, meint er, einfach die Seiten gewechselt. Durch seine persönlichen Kontakte und sein gutes Essen lockt er zum Teil weltberühmte Musi-ker nach Stadl, die sonst nur in großen Hallen auftreten.

✻ Es lohnt sich, die Wallfahrtskirche *Zur Schmerzhaften Mutter-gottes* des Barock-Baumeisters Johann Schmuzer im nahen Vil-gertshofen zu besuchen, ein Juwel, das es mit der *Wieskirche* aufnehmen kann.

Wer meint, einem Fisch sei es egal, wo und wie er aufwächst, der irrt. Höchste Qualität entsteht nur bei artgerechter Haltung und Fütterung. Köstlicher Fisch entsteht nicht durch Turbomast, sondern durch eine natürliche, langsame Entwicklung. Die Forellen, Lachsforellen und Saiblinge, die bei den Schießls veredelt werden, stammen quasi von nebenan. In Lechmühlen nämlich befindet sich die Fischzucht von Werner Ruf, dem Bruder von Kornelia Schießl. Der Lech hat die Alpen noch nicht lange verlassen und speist mit frischem, kühlem Gebirgswasser die Teiche. Die Fische werden hier selber gezüchtet, angefangen vom vorsichtigen Abstreifen der Eier, der Aufzucht und Fütterung mit qualitätsvollem Futter, dabei ganz wenig Fischmehl, darauf ist Werner Ruf stolz. Drei Jahre etwa wachsen die Lachsforellen oder Saiblinge heran, bis sie geschlachtet werden.

Dann kommen sie zu den Schießls, wo sie klassisch auf Buchenholz warm geräuchert werden. Doch besonderes Augenmerk legt man auf das sogenannte Kalträuchern und das Beizen nach Graved-Art. Dies erfreut Genießer, denn viele Fischgeschäfte bieten den lediglich mit Kräutern, Salz und Zucker gebeizten und damit rohen Fisch gar nicht mehr an. Zu viele Vorschriften, zu viel Angst vor Beschwerden. Da die Schießls aber ganz genau wissen, woher die Fische stammen, wird die Köstlichkeit weiterhin produziert.

Das Angebot der frischen und veredelten heimischen Fische im eigenen Feinkost-Fischladen wird ergänzt durch zugekaufte Meeresfische oder Garnelen, selbstverständlich von höchster Qualität, was nicht nur Frische bedeutet – die hohen Maßstäbe der sorgsamen Aufzucht werden auch hier angelegt. Ausgezeichnet und ebenso klassisch wie kreativ komponiert sind die Fischcremes und Fischsalate, die auch in der *Markthalle Dießen* (Beitrag 58) angeboten werden.

🐟 Ebenfalls ausgezeichneten Fisch aus eigener Zucht in *Unser Land*-Qualität gibt es bei der 17 Kilometer entfernten Fischzucht im Weiler Sandau südlich von Landsberg.

PARADIESISCHER GENUSS
Apfeldorf – Gasthaus Goldener Apfel

Das herrliche historische Gebäude des Gasthauses *Goldener Apfel* mit seinen dicken Mauern und Rundbogenfenstern beherbergte seit 1800 den Kramerladen des Ortes. Apfeldorf liegt verträumt hoch über dem Lechufer, ehemals war es wichtiger Handelsstützpunkt, als auf dem Fluss noch Waren transportiert wurden. Das Anwesen wurde erst 1982 zum Gasthaus umgebaut, erfreulicherweise mit behutsamer Hand. Hier kochte Bernhard Heiß, der sein Handwerk von der Pike auf gelernt hatte. Anna-Maria Baumgartner stand in der Küche an seiner Seite. Als er aus gesundheitlichen Gründen aufhören musste, übernahm sie den *Apfel* kurzerhand.

»Gehoben, aber nicht abgehoben«, lautet das Motto zum Wohl des Gastes auch unter neuer Führung zusammen mit Partner Julian Resch. Die namensgebende Frucht hat ihren festen Platz auf der Karte. Köstlich die Meerrettichsuppe mit gebratenen Apfelwürfeln, zart das rosa gebratene Filet vom Ammersee-Lamm mit Paprika-Apfel-Gemüse. Doch auch Gerichte wie Schnitzel mit Kartoffelsalat werden durch die Auswahl bester Produkte zum Gaumenschmaus. Keinesfalls sollte man auf die Desserts verzichten, denen man besondere Aufmerksamkeit schenkt. Eine hausgebackene Tarte vom Pink-Lady-Apfel wird von einer Kugel Lavendel-Eis der Eismanufaktur *Leveni* aus Weilheim begleitet. Von der Eismanufaktur stammen auch die köstlichen Sorbets, die man ebenso wie die Eissorten kugelweise bestellen kann. Doch nicht nur Kinderfreundlichkeit wird hier großgeschrieben. Im Biergarten oder der Wirtsstube darf man auch nur ein Bier oder ein Glas Wein (aus der gut bestückten Weinkarte) bestellen, denn das Credo lautet: »Auch die Leute vom Dorf sollen sich hier wohl fühlen. Wir wollen keine Schnöselkneipe.«

☞ Wer bleiben will, bucht eines der drei zauberhaften Zimmer namens *Apfelblüte*, *Apfelkern* und *Apfelstiel*. Das mit dem lustigsten Namen ist nicht buchbar: *Apfelbutzen* heißt die Putzkammer.

HOFLADEN RAUCH /// LANDSBERGER STRASSE 17 ///
86935 ROTT /// 0 88 69 / 15 92 ///

»Die Leut' wollen halt immer mehr wissen, wo ihre Lebensmittel herkommen«, meint Marlies Rauch aus Rott, die in ihrem Hofladen Eier, Geflügel, Schweine-, Lamm- und Rindfleisch sowie Wurst verkauft – alles vom eigenen Hof.

Marlies führt mich auf dem Hof herum. Noch sind die Limousin-Rinder im Stall – aber bald kommen sie hinaus auf die Weide. Die warme Jahreszeit naht. Die Lämmer draußen trinken Muttermilch und knabbern hier und da das neue, zarte Grün. Die Schweine liegen faul im Stall und gucken neugierig, als wir kommen. Nachdem sie merken, dass wir kein Futter dabeihaben, stapfen sie raus in ihr Freigehege und suhlen sich im Schlamm. Herrliches Schweineleben, zwar kurz, aber rundum bestens. Biofutter, Auslauf, mit Stroh eingestreuter Stall. »Unsere Schweine werden mit sieben Monaten geschlachtet, sie sind damit mehr als doppelt so alt wie konventionelle Mastschweine«, sagt Marlies. Für die gilt: 100 Kilo in 100 Tagen. Gutes Fleisch stammt aber von langsam gemästeten Tieren, die artgerecht gehalten werden. Die Rauchs bieten auch Bio-Catering, das Fleisch stammt vom Hof, Kräuter und Salate überwiegend ebenso. Marlies kocht nach alten, traditionellen Rezepten, die sie mit kluger Hand verfeinert und etwas modernisiert. Da darf schon mal Balsamico ans Kraut oder Knoblauch an den Schweinebraten.

Inzwischen duftet es herrlich aus der Küche, es geht auf Mittag zu. Mit Opa, Oma, einem Mitarbeiter und der Tochter darf ich mich zu Marlies setzen und genießen. Uns fällt Wilhelm Busch ein, der offensichtlich ein Liebhaber von gutem Braten war – der von Marlies hätte ihm sicher geschmeckt.

> Es wird mit Recht ein guter Braten
> Gerechnet zu den guten Taten;
> Und daß man ihn gehörig mache,
> Ist weibliche Charaktersache.

Für *Bayrisch Kraut* nimmt Marlies Spitzkohl, hobelt ihn fein und dünstet ihn mit einer Zwiebel in Butterschmalz an. Gewürzt wird mit Salz, Pfeffer, etwas Muskatnuss und weißem Balsamico.

141

MULTIKULTI IM KUHSTALL
Büffelhof Beuerbach – Büffelstüberl und Hofladen

66

Ohne Mozzarella gäbe es den berühmten Insalata Caprese aus Tomaten, Mozzarella und Basilikum nicht. Dieses einfache Gericht schmeckt am besten mit dem weltweit begehrten Büffelmozzarella, der hauptsächlich aus Süditalien kommt. Die Milch ist um einiges fetter als Kuhmilch, so wird der Käse außen fest und in der Mitte cremig. Eigentlich aber stammen die Wasserbüffel aus Indien, wo sie als Arbeitstiere gehalten werden.

Jetzt aber nach Beuerbach, nördlich von Landsberg gelegen. Früher trabte hier eine große Herde dieser Büffel über das weite Gelände; heute sind es zwar nur noch wenige Tiere, aber die fühlen sich auch in unserem Klima wohl, so Carsten Schwencke, der Betreiber des Büffelhofs. Lediglich im Winter brauchen sie einen Stall, im Sommer leben sie draußen. Hier in Beuerbach befand sich die erste Büffelzucht Deutschlands, heute gibt es einen Partnerbetrieb in der Nähe der Nordsee, wo der Großteil der Tiere jetzt lebt. Doch die Büffelprodukte werden nach wie vor im schönen Hofladen in Beuerbach angeboten. Zum Mozzarella (sowie anderen Käsesorten, Joghurt und Eis aus Büffelmilch) kommen Fleisch und Wurst, auch Accessoires aus Büffelleder gehören zum Sortiment. Carsten Schwencke geht so aktiv an gegen die dunkle Seite der Büffelzucht in Italien: Männliche Tiere geben keine Milch und werden häufig kurz nach der Geburt getötet – da macht er nicht mit!

Im Büffelstüberl, das jedes Wochenende geöffnet hat, werden gekonnt zubereitete Gerichte aus Büffelfleisch serviert: Carpaccio, Tatar oder Büffelconsommé mit hausgemachten Nudeln, sous vide gegarte Keule mit Serviettenknödel, Steak von der Büffelhüfte in Kräuterkruste oder zartes Paillard von der Büffellende mit karamellisiertem Wurzelgemüse. Als Vorspeise kommt auch Mozzarella auf den Tisch: als Törtchen mit Salat.

✍   Keine zehn Kilometer entfernt befindet sich die *Fischzucht Birnbaum*, eine der besten Fischzuchten der Gegend, die Produkte werden sogar an Top-Restaurants bis nach Berlin geliefert.

METZGEREI BRAUN /// DORFSTRASSE 4 /// 85259 WIEDENZHAUSEN ///
0 81 34 / 51 11 /// WWW.EINFACH-GUAD.DE ///

DER MOZART-METZGER
Wiedenzhausen – Metzgerei Braun

67

Metzger Werner Braun liebt seinen Beruf. Nur das Schlachten, das ja leider dazugehört, das mag er eigentlich nicht so gerne. Lieber tüftelt er an Wurstrezepten so lange herum, bis die Wurst perfekt ist. Bis, wie er meint, kein einzelnes Gewürz vorschmeckt, sondern Harmonie am Gaumen entsteht. Weil seine Wurst so gut ist, stehen die Leute aufs Wochenende zu schon mal Schlange, und die renommierte Zeitschrift *Feinschmecker* befand, dass der Handwerksbetrieb im beschaulichen Wiedenzhausen bei Dachau zu den besten Deutschlands zählt.

Aber warum er »Mozart-Metzger« genannt wird, müssen wir noch herausfinden, und da landet man wieder beim Schlachten. Weil er's eigentlich nicht mag, überlegte er, wie man es für die Tiere so stressfrei wie nur irgend möglich gestalten könnte. Denn der Betrieb schlachtet selbstverständlich selbst, die Tiere kommen von Bauern aus nächster Umgebung, zu denen er engen Kontakt hält. Die bringen die Tiere am Vortag im Kleintransporter vorbei, es gibt Ställe mit Streu und Futter. Und weil der Metzgermeister findet, dass klassische Musik beruhigt, probiert er es bei den Tieren aus. Wenn er am Abend nochmal nach dem Rechten schaut, stellt er die eigens installierte Musikanlage an und leise Mozart-Klänge ertönen. Ob dies »gschpinnat« ist oder nicht, ist ihm egal. Die Fleischqualität jedenfalls bestätigt ihn, denn eine bessere findet man kaum. Von weit her kommen die Kunden und Gastronomen, ordern Gustostücke. So auch Notker Zikeli vom *Kultur-Stadl* (Beitrag 62), wenn die beliebten Steak- und Grillabende anstehen. Auch im eigenen Gasthof, dem *Huberwirt* gleich nebenan, gibt es jeden Mittag beste Traditionsküche aus dem Mozart-Fleisch – so wird ein einfaches Schnitzel zur Delikatesse.

🖋 Der Meister persönlich gibt sein Wissen in Grill- oder Weißwurstseminaren weiter. Ebenso begehrt sind die Event-Essen: zur Kirchweih mit Ente und Gans oder das Ochsenkesselfleischessen. Infos siehe Homepage.

GASTHAUS GOLDENER STERN /// DORFSTRASSE 1 ///
86316 ROHRBACH /// 0 82 08 / 4 07 ///
WWW.GASTHAUS-GOLDENERSTERN.DE ///

LÄRCHENHOF-NUDELN /// ARETINSTRASSE 27 /// 86316 RINNENTHAL ///
0 82 08 / 95 85 84 /// WWW.LAERCHENHOF-NUDELN.DE ///

LEBENDIG, LEIDENSCHAFTLICH, LIEBENSWERT

Rohrbach – Gasthaus Goldener Stern

68

»In kleinen Dingen groß sein«, hat sich Familie Fuß auf die Fahnen geschrieben. Was dies kulinarisch gesehen bedeutet, merken die Gäste bei jedem Teller, der aus der Küche kommt. Braten, Knödel, Soße – Gerichte, die es überall gibt. Aber hier sind sie von ganz besonderer Köstlichkeit. Hausgemacht die riesigen Knödel, zart und mürbe der Braten und beim Aromenfeuerwerk der Soßen halten Genießer andächtig inne. Wer hier kocht, scheint nicht nur sein Handwerk von der Pike auf gelernt zu haben und meisterlich zu beherrschen, sondern auch mit besonderer Liebe und Leidenschaft ans Werk zu gehen.

Wirtin Viktoria Fuß berichtet strahlend: »Es macht so viel Spaß, mit dem Stefan zu kochen.« Stefan ist ihr Sohn, der nach der Lehre in einem angesehenen Restaurant der Gegend »unterwegs« war, wie er sagt. Er kochte bei Hans Haas im legendären *Tantris* in München, dann in England beim mit zwei Michelin-Sternen ausgezeichneten Simon Rogan, der sein Gemüse selber zieht. Kein Wunder also, dass man Stefan Fuß, wieder in Rohrbach, kurz vor der Mittagszeit in seinem Garten antreffen kann, mit Schüssel und Schürze, um Kräuter zu pflücken oder Beeren zu ernten. Und eine glückliche Fügung für Genießer, dass die Eltern der Kreativität des Sohnes freien Lauf ließen.

Stefan Fuß und seinem Team gelingt es mit Leichtigkeit, zwischen Landlokal und Gourmettempel, zwischen Ochsenbraten und *Gepuderter Schweinebacke* oder *Fichtenwipfel-Gel* zu wechseln. »Edition Stefan Fuß« nennt er seine kreativen Menüs, die einträchtig neben Rohrbacher Schnitzel und Wittelsbacher Marktsalaten auf der Karte stehen. Das meiste, was in die Küche wandert, stammt aus der Region von Bauern und Gärtnern. Das Motto des Hauses passt perfekt!

✍ Im wenige Kilometer entfernten Rinnenthal befindet sich die Nudelmanufaktur *Lärchenhof*. Hier verarbeitet man hiesige Eier zu feiner Pasta, im Hofladen gibt's auch Soßen dazu.

LANDHAUSBRÄU KOLLER /// HERGERTSWIESEN 5 ///
86495 EURASBURG /// 0 82 08 / 2 25 ///
WWW.LANDHAUSBRAEU-KOLLER.DE ///

LANDTECHNISCHES MUSEUM HERGERTSWIESEN ///
HERGERTSWIESEN 5C /// 86495 EURASBURG ///
0 82 08 / 95 98 90 /// WWW.LANDTECHNISCHES-MUSEUM.DE ///

Wer das *Landhausbräu Koller* entdeckt hat, kommt wieder. Gründe dafür gibt es genug. Beginnen wir beim Bier. Naturtrüb schäumen das frisch-herbe Helle oder das tiefgründig-malzige Dunkle im Glas, süffig das obergärige Weizen und mit Charakter der im Sommer eingebraute *Kollator,* der länger gelagert wird und sich ab November im Ausschank befindet. Genießen kann man die Biere der Gasthausbrauerei in den gemütlichen Stuben des über 150 Jahre alten Gasthauses oder im schönen Biergarten, der sogar an Wintersonnentagen geöffnet hat – Wärmedecken liegen bereit. Wer das Bier mit nach Hause nehmen möchte, erhält es in urigen Bügelflaschen oder im Fass, wer feiern will, lässt das Biermobil kommen, eine knallrote Ape mit eingebautem mobilem Schanktresen.

Wer gutes Bier braut, verwendet es ebenso in der Küche, Treber, Malz und Bierlikör wandern in die Töpfe der kreativen Köche. Vorgefertigtes ist hier tabu, viele Produkte bezieht man aus der Gegend, die Kräuter aus dem wunderschönen Kräutergarten gegenüber dem Gasthaus.

Das Menü eröffnet beispielsweise eine kräftige Bierflädle- oder Bierbrezenknödelsuppe. Als Hauptspeise ist ein herrlich knuspriges Biertreber-Krustenschnitzel empfehlenswert oder man entscheidet sich für den klassischen Schweinsbraten mit Dunkelbiersoße, bei dem Liebhaber glücklich werden. Doch auch fleischlos lässt sich hervorragend speisen: Die frischen, opulenten Salatplatten oder das Sellerieschnitzel mit Haselnusskruste schmecken ausgezeichnet. Unbedingt zu beachten sind die nach Jahreszeit wechselnden Gerichte auf der Tageskarte, zum Beispiel Bauernente oder Fischvariationen, die allesamt perfekt zubereitet werden. Wer nun meint, beim Dessert fände Bier keine Verwendung, der sollte unbedingt das Dreierlei aus Biersorbet, Dunkelbier-Crème-Brûlée und Bier-Walnuss-Eis probieren.

🍺 Sehenswert ist das kleine *Landtechnische Museum* in Innenhof, Ergebnis einer über 30-jährigen Sammelleidenschaft für historische landwirtschaftliche Geräte, Traktoren und Werkzeuge.

GASTHOF ZUM SCHLOSS /// PFARRER-BEZLER-STRASSE 7 ///
86316 STÄTZLING /// 08 21 / 78 34 84 ///
WWW.GASTHOF-ZUM-SCHLOSS.DE ///

MEISTERHAFT, BÜRGERLICH UND RICHTIG GUT
Stätzling – Gasthof zum Schloß

70

Über 30 Jahre ist die gelernte Hauswirtschafterin Hildegard Haugg jetzt schon Wirtin im *Gasthof zum Schloß*. Und auch wenn ihr ein kleiner Seufzer entwischt – sie strahlt. Man merkt, es macht ihr immer noch Spaß, ihre Gäste zu verwöhnen.

Im Mittelalter war das Schloss der Sitz des regionalen Adelsgeschlechts. Doch der letzte Herr über Stätzling, Freiherr von Schaezler, veräußerte 1857 das Schlossgut, aus dem schließlich eine Gastwirtschaft entstand. Knapp 100 Jahre nach der Umwidmung kaufte Walter Lorenz das *Schloß*, renovierte es und übergab den Betrieb schließlich seiner Tochter Hildegard, der heutigen Wirtin. Sie kocht traditionell, sorgsam wird alles frisch zubereitet, viele Zutaten stammen aus der Region und Vorgefertigtes kommt sehr selten zum Einsatz. Auf der Karte wird Bodenständiges geboten: hausgemachte Sülze mit Bratkartoffeln, Schwäbische Hochzeitssuppe mit Brät- und Leberknödeln, ein zarter, perfekt gemachter Zwiebelrostbraten, Käsespätzle oder Schnitzel. Eine Seite der Karte ist den Lieferanten gewidmet – hier erfährt der Gast, woher Fleisch, Nudeln, Gemüse oder Fisch kommen, denn die Wirtin ist Mitglied der *Spezialitätenwirte im Wittelsbacher Land*.

Wie die Frau das alles schafft, ist ein Rätsel, denn viele der Kräuter und so manches Obst und Gemüse kommen aus dem eigenen Garten. Dazu verkauft sie selbst gemachte Fruchtaufstriche: Orangenmarmelade mit Aperol, Sauerkirschkonfitüre mit Lavendel und Walnüssen oder Vogelbeer-Erdbeer-Espresso-Aufstrich.

Wie hier Gastfreundschaft gepflegt wird, zeigt die Information zu den Öffnungszeiten. Man erfährt, dass die Wirtschaft mittags von 10 bis 15 Uhr geöffnet hat und abends ab 17 Uhr, mit dem Zusatz: »Wir haben offen, bis der letzte Gast gegangen ist.«

🖎 Frau Hauggs Sauerkirschkonfitüre besteht aus 850 g Sauerkirschen, 200 ml Holundersaft, 100 g gerösteten Walnusskernen, dem Abrieb einer Bio-Orange, 2 EL Lavendelblüten sowie 500 g Gelierzucker 2:1.

Aufgesetzter
Löwenzahnlikör

Nach dem Öffnen kühl aufbewahren

Hergestellt von unseren Bäuerin

r bis:
17

markt Dasing Betriebs-GmbH & Co.KG, An der Brandleiten 6, 86453 Dasin

BAUERNMARKT DASING /// AN DER BRANDLEITEN 6 /// 86453 DASING ///
0 82 05 / 9 59 91 -0 /// WWW.BAUERNMARKT-DASING.DE ///

ZIEGENAUS BENNOMÜHLE /// ACHSTRASSE 35 /// 86316 FRIEDBERG ///
08 21 / 7 10 16 20 /// WWW.BENNOMUEHLE.DE ///

DER SIEBEN-TAGE-HOFLADEN
Bauernmarkt Dasing

71

Ein Bauernmarkt, der 365 Tage im Jahr geöffnet hat, dazu noch von morgens bis abends? Wo man einkaufen kann und essen, außerdem so gut wie alles bekommt, von Wurst und Käse, frischem Obst und Gemüse, Milchprodukten und Getränken bis hin zu Mehl, Müsli und hausgemachten Marmeladen?

Wie das funktioniert, zeigt der *Bauernmarkt Dasing*, der von außen gar nicht wie ein Markt aussieht, sondern eher wie eine Autobahnraststätte. Und eigentlich ist er auch so etwas Ähnliches. Jedenfalls liegt das moderne Gebäude direkt an der A8 mit eigener Ausfahrt, ist aber auch von der Landstraße aus zu erreichen. Wie in einer Autobahnraststätte sind Reiseverpflegung, Andenken und schnelles Essen erhältlich. Doch jetzt kommt der Unterschied: Die Speisen sind mit regionalen Zutaten hergestellt, die frischen Säfte stammen von Streuobstwiesen des Wittelsbacher Landes und die Weißwürste vom lokalen Metzger.

Gleich neben dem Selbstbedienungsrestaurant und den größeren Teil der stattlichen Fläche einnehmend, befindet sich der *Bauernmarkt*. Das breite Angebot an Bioprodukten und handwerklich hergestellten Lebensmitteln kommt, wo immer es geht, aus der Region. Im Sortiment sind außerdem veredelte Landprodukte wie Eingelegtes und Marmeladen, in Handarbeit von Bäuerinnen der Region mit viel Liebe hergestellt, sowie saisonales Obst und Gemüse, direkt vom Feld, frisch geerntet. Fleisch und Wurst stammen von der Metzgerei *Ottillinger* (Beitrag 76) aus Pöttmes; dort werden nur artgerecht gehaltene Tiere aus der Region nach handwerklichen Kriterien verarbeitet. Die Eier kommen vom Biohof *Breitsameter* direkt aus Dasing. Wer Lust auf Eis hat, muss auch da nicht auf Industrieware zurückgreifen, sondern schleckt Bauernhof-Eis mit frischen Früchten.

🐟 Mehl und allerlei Backzutaten stammen von der *Bennomühle* in Friedberg, die im eigenen Laden neben Mühlenprodukten Naturkost, Müsli, Nudeln, Gewürze und Öle verkauft.

GASTHAUS IM SCHLOSSHOTEL BLUMENTHAL ///
BLUMENTHAL 1 /// 86551 KLINGEN ///
0 82 51 / 8 90 41 40 /// WWW.SCHLOSS-BLUMENTHAL.DE ///

Wenn man von *Schloss Blumenthal* das erste Mal hört, überlegt man schon, ob das denn alles Realität ist und auch funktioniert. Acht Familien erwarben 2017 das Anwesen, das im Mittelalter vom Deutschherrenorden gegründet wurde, dann den Fuggern gehörte, die dort zuletzt ein Altersheim betrieben. Doch die Gemäuer genügten modernen Anforderungen nicht mehr und man suchte nach einem Konzept. Jene Familien hatten eine Vision: Sie wollten gemeinsam leben und damit das Schloss zu neuem Glanz führen. Hierzu wurde gleich im ersten Jahr eine Gastwirtschaft eröffnet, in der von Anfang an fast ausschließlich mit frischen Zutaten und in biologischer Qualität gekocht wurde.

Wer nun meint, hier würden nur Tofu und Tees angeboten, der irrt gewaltig. *Blumenthal* pflegt die bayerische Küche, bietet aber auch moderne mediterrane und vegetarische Gerichte an. Bayerisch durch und durch ist beispielsweise das frische Bio-Spanferkel, das sich am Spieß im schönen Biergarten dreht. Die Bäume, unter denen man sitzt, sind uralt, wie auch der weitere Bestand im vier Hektar großen Park, der unter Biotop-Schutz steht. Das Bio-Bier, das hier serviert wird, braut *Berabecka Boandlbräu* aus dem nahen Aichach eigens für *Blumenthal*. Spielt das Wetter nicht mehr mit, sitzt man drinnen in schönen historischen Gewölben und genießt montags ofenfrischen Krustenbraten vom Bioschwein mit Knödeln und Krautsalat. Das Kraut dazu stammt von der hauseigenen Solidarischen Landwirtschaft, ebenso wie die Kartoffeln, die immer mittwochs in allen Varianten angeboten werden – von der Kartoffelsuppe über Kartoffelbrot bis hin zu gefüllten Varianten mit Filetstreifen und Calvados-Rahm. Weinliebhaber freuen sich über eine zwar kleine, aber wohlbedachte Karte.

🖋 *Blumenthal* bietet regelmäßig Veranstaltungen von Workshops und Seminaren aller Art bis hin zu Kabarett und Musik von Klassik bis Jazz.

»Willkommen im Wittelsbacher Land«, begrüßt uns Anton Lohner, als wir ihn in der Nähe des Wallfahrtsortes Inchenhofen auf einem seiner Kürbisfelder besuchen. Es ist Oktober, also Erntezeit der stattlichen Früchte. Nebenan liegen sie noch bunt durcheinander, doch hier verzieren schon goldgrüne Streifen das Feld, daneben steht eine imposante Maschine. Über Walzen mit langen Spießen werden die Kürbisse aufgelesen, gespalten und die Kerne geerntet. Der Rest wird im selben Arbeitsgang gehäckselt und als Dünger gleich wieder auf die Felder ausgebracht. Das Fleisch des steirischen Ölkürbisses kann man zwar essen, es ist aber im Gegensatz zu den zarten, nussigen Kernen nicht sehr aromatisch.

Kürbiskernöl stammt eigentlich aus der Steiermark. Dort gehört das tief dunkelgrüne, urgesunde Öl auf jeden Tisch. Auf der Suche nach einer Nische für seine Nebenerwerbslandwirtschaft wurde Lohner in Österreich fündig. 2001 begann er mit gerade einmal 1,5 Hektar – inzwischen bewirtschaftet er mit Kollegen zusammen rund 50 Hektar Ackerland, zum Teil biologisch.

Nach der Ernte werden die Kerne in eine steirische Ölmühle gebracht, die sie mit viel Erfahrung in Schwarzes Gold verwandelt. Lohner verkauft ausschließlich reines Kürbiskernöl, das für seinen Gehalt an mehrfach ungesättigten Fettsäuren und eine Vielfalt gesunder Vitamine und Mineralstoffe bekannt ist. Der intensive Geschmack verfeinert Suppen, Salate, würzt die *Steirische Kernölspeis,* wohinter sich Kräuterquark mit reichlich Kernöl verbirgt, und dient kreativen Köchen zur Herstellung eines köstlichen hellgrünen Eises.

Kernöl reagiert allerdings sehr empfindlich auf falsche Lagerung. Es muss kühl und dunkel aufbewahrt werden, was die meisten Geschäfte nicht bieten können. Am besten also, man bezieht die Delikatesse direkt beim Erzeuger.

✿ Die Kürbisprodukte sind bei Anton Lohner vor Ort (telefonisch einen Termin vereinbaren), über die Homepage mit Versand oder beispielsweise auch im *Bauernmarkt Dasing* (Beitrag 71) erhältlich.

OBERBAYERN IM ORCHIDEENDUFT

Peutenhausen – Gewürzhandel Madavanilla

Die Vanilleschote ist die Frucht einer Orchidee, die in tropischen Regionen wächst. Die edelste davon, die Bourbon-Vanille, kommt aus Madagaskar. Doch wie gelangt sie nach Peutenhausen in der Nähe des Spargelstädtchens Schrobenhausen?

Jetzt kommen Liebe und Leidenschaft ins Spiel. Mit der Liebe war es so: Der Bayer Christian Terno studierte Betriebswirtschaft in Ingolstadt, ein Praktikum führte ihn nach England. Dort lernte er Ludivine aus Madagaskar kennen. Sie verliebten sich, die Madagassin zog nach Oberbayern und die beiden heirateten. Die Leidenschaft für die Orchideenfrucht brachte die Biologin bereits mit, ihre Familie baut in ihrer Heimat schon seit drei Generationen Vanille an. Das Gewürz ist, nach Safran, das zweitteuerste weltweit, denn Anbau und Veredelung sind sehr arbeitsintensiv. Die Pflanzen müssen täglich gehegt und gepflegt werden, wobei die Ternos auf Spritzmittel verzichten und das Gewürz dadurch in Bioqualität anbieten können. Dann werden die Schoten von Hand geerntet und in einem monatelangen Fermentations- und Trocknungsprozess veredelt. 170 verschiedene Aromastoffe enthält echte Vanille, das chemisch nachgebaute Vanillin nur einen. Keine Alternative also für Genießer oder auch Sterneköche, die inzwischen im Peutenhausener Betrieb einkaufen. Denn durch den eigenen – fairen – Anbau und Direktimport bietet das bayerisch-madagassische Paar die edle Vanille zum günstigen Preis an. Hinzu kamen im Lauf der Zeit über 400 andere Gewürze und Gewürzmischungen. Außerdem erhält man im Laden in Peutenhausen und natürlich auch online Produkte, die verschiedene Kunden aus der Orchideenfrucht herstellen: Schokolade, Essig, Öl, Sirup und sogar Kosmetik wie Seifen oder Duschgel mit dem Duft Madagaskars.

Die ausgekratzte Schote der Vanille ist viel zu schade zum Wegwerfen. Man kann sie in Stücke schneiden und damit Vanillezucker und – weniger bekannt – Vanillesalz selber herstellen.

EUROPÄISCHES SPARGELMUSEUM /// AM HOFGRABEN 1A ///
86529 SCHROBENHAUSEN /// 0 82 52 / 9 02 14 ///
WWW.MUSEEN-SCHROBENHAUSEN.BYSEUM.DE ///

Es muss schon ein besonderes Gemüse sein, wenn ihm ein Museum gewidmet ist. Spargel braucht lockere, sandige Böden, damit er gut wachsen kann. Die Gegend rund um das hübsche Städtchen Schrobenhausen ist Spargelland. Vor allem weißer Spargel wird hier kultiviert. Das Edelgemüse bleibt weiß, solange sich die Triebspitzen unter der Erde befinden. Sie werden vom Frühjahr bis etwa Mitte Juni geerntet. Dann darf die Pflanze wachsen, wie sie will, und Kraft sammeln.

In den letzten Jahren wurde die Ernte der delikaten Stangen immer mehr verfrüht. Man beheizt die Felder durch Rohrsysteme, deckt sie mit Folie ab. Wirkliche Genießer sehen das gar nicht gerne, denn der so angetriebene Spargel schmeckt recht wässrig. Ein weiterer Grund dafür ist, dass immer mehr Sorten kultiviert werden, die kaum noch Bitterstoffe enthalten. Wirkliche Fans kaufen inzwischen Spargel von Bauern, die naturnah arbeiten und integrierten oder Bio-Anbau betreiben. Denn für sie ist es in Ordnung, dass Spargel rar ist und so frisch wie möglich auf den Tisch kommt.

Rund um die Rarität Spargel also, der immer schon teuer war, hat man im Zentrum des bayerischen Spargelanbaus ein Museum gegründet. Dort erfahren Besucher viel über die historische Seite des Edelgemüses, über seine Kultivierung und – nicht zu vergessen – die medizinische Bedeutung. Ein Teil des Museums steht unter dem Motto »Spargelessen«. Neben Rezepten und Kochbüchern wird eine einzigartige Sammlung von Spargelgeschirren gezeigt, beispielsweise eine von weltweit nur noch zwei existierenden Spargeldeckeldosen aus Meißen aus dem Jahr 1780, außerdem ein Teller mit Spargelmotiven, gefertigt vom Jugendstilkünstler Émile Gallé, oder die wunderschöne Spargelzange des russischen Hofjuweliers Carl Peter Fabergé von 1890.

✍ In meinem Buch *Ammerseerenke bis Zwetschgendatschi. Rezepte von unterwegs* (Wißner 2017) sind viele pfiffige Spargelrezepte direkt von Spargelbauern gesammelt.

JEDE WURST IST HANDARBEIT

Pöttmes – Hofmetzgerei Franz Ottillinger

76

Viele Jahrhunderte reicht der Stammbaum zurück, der an Franz Ottillingers Bürowand hängt. Heute führt Tochter Carolin zusammen mit ihrer Schwester Maria-Theresia den Betrieb, rund 20 Metzgermeister und -gesellen unterstützen sie. Freilich täte ihr es leid, wenn ein »Kaibi«, ein Kälbchen, geschlachtet wird. »Aber immerhin«, meint sie, »haben sie es bei uns gut.« Metzgerhandwerk fängt mit Schlachten an, doch bei *Ottillinger* kommen alle Tiere aus der nahen Umgebung und werden grundsätzlich abends angeliefert, so dass sie sich die Nacht über ausruhen können. Außerdem schlachtet man einzelne Tiere, Fließbandarbeit gibt es nicht, dafür selbstverständlich große Sauberkeit und Präzision. »Nur so kann der Verzehr von Fleisch und Wurst genossen werden«, meint die Chefin.

»Jeder Schinken ist bei uns Handarbeit«, sagt einer der Metzger nicht ohne Stolz, nimmt prächtige Fleischstücke aus einer Wanne, entfernt überschüssiges Salz und verpackt sie sorgsam in Netze. So wird aus Fleisch ein saftiger Schinken, den man dann in den Reifekammern vollendet. Appetitliche Wurstketten hängen an den Regalen, jede einzelne wird von Hand überprüft. An den Rinder- und Schweinehälften in den Kühlhäusern haften Zettel. Hier steht genau, woher das jeweilige Tier stammt, von welchem Bauern es wie aufgezogen wurde, ob es sich um eine Färse oder einen Stier handelt.

»Jedes Fleischstück in den Theken unserer Filialen hat eine Herkunftsbescheinigung. Wir verarbeiten nur Fleisch von Bauern, die ihre Tiere gut behandeln«, meint Carolin Ottillinger resolut. In den Filialen wird mittags Hausmannskost angeboten, gelegentlich sogar mit kleinen kreativen Ausflügen. Da landet schon mal Bärlauch in den Semmelknödeln zum Braten. Auch vegetarische Gerichte kommen nicht zu kurz.

🖉 Im Mittelalter wurden jährlich Tausende Rinder aus Ungarn nach Mitteleuropa getrieben. Einer der Wege führte durchs Schrobenhausener Land. Infos zum *Altbaierischen Oxenweg* unter www.schrobenhausen.de/oxenweg/.

RESTAURANT ZUM KLOSTERBRÄU /// KIRCHPLATZ 1 ///
86633 BERGEN BEI NEUBURG // 0 84 31 / 6 77 50 ///
WWW.ZUM-KLOSTERBRAEU.DE ///

KLÖSTERLICHE RUHE MIT VIEL GENUSS

Bergen bei Neuburg – Restaurant Zum Klosterbräu

77

Hier im kleinen Ort Bergen, zwischen Neuburg an der Donau und Eichstätt gelegen, haben sich Tradition und Moderne für Genießer auf wunderbare Weise vermählt. Die alten Gemäuer, die man liebevoll renovierte, sind über 500 Jahre alt, die Geschichte des Klosters lässt sich gar bis ins frühe Mittelalter verfolgen. Mönche haben damals Bier gebraut und mit dem Ausschank an Pilger ihre Kasse aufgebessert, so auch in Bergen. Doch bereits seit 1744 sind Brauerei und Schenke *Klosterbräu* im Besitz der Familie Böhm. Von Generation zu Generation wurde das Gemäuer erweitert, aus der Brauerei mit Schenke entstand ein Landhotel mit heimeligen Gaststuben. Der Betrieb der Brauerei wurde in den 1970er-Jahren eingestellt.

Heute zeigt Otto Böhm junior in neunter Generation in der neuen verglasten Küche sein Können; die Gäste dürfen dem begabten Koch bei seiner Arbeit zusehen. Sein Handwerk hat er von der Pike auf gelernt, sein Talent führte ihn zur noblen, mit zwei Michelin-Sternen gekrönten Residenz von Heinz Winkler in Aschau im Chiemgau. Ein Glück für uns, dass er in den elterlichen Betrieb zurückkehrte und nun bodenständige Küche ebenso anbietet wie Gourmetmenüs. So kann man in der renovierten Malztenne schlichte, aber perfekt zubereitete Gerichte wie Rindssuppe mit Griesnockerln, Tafelspitzsülze mit Gartensalaten oder Bauernente mit Blaukraut und Knödeln genießen. Gemüse und Salat wird in Otto Böhms Frischeküche nicht nur im Frühling große Aufmerksamkeit geschenkt, im Herbst tischt er Lauchtarte mit Maronen und Blaukrautkrapferl mit Schwarzwurzeln auf. Die federleichten *Gartenmenüs* spiegeln die Jahreszeit wider, Neugierige bestellen das wirklich günstige *Überraschungsmenü* und im Genießerglück schwelgen kann man bei Böhms *Gourmetmenüs* mit Weinbegleitung.

🖉 Das Hotel liegt am Rande des Naturparks Altmühltal mit seinen Rad- und Wanderwegen. Kulinarisch fördert das *Klosterbräu* mit Gerichten wie Maultaschen vom Altmühltaler Milchlamm die Wanderschäferei.

SCHÜTZEN DURCH NÜTZEN
Schernfeld – Schäferei Eichhorn

78

Die *Schäferei Eichhorn* pflegt als Teil des *Landschaftsschutzprojekts Altmühler Lamm* die Landschaft des Naturparks Altmühltal. Ihre Schafe erhalten besondere Grünlandtypen wie zum Beispiel die Wacholderheide. Würde die Beweidung aufgegeben werden, würden diese Flächen verbuschen. Seltene Pflanzen- und somit auch Insektenarten würden verschwinden, zum Beispiel der Apollofalter. Die Raupen des schönen Schmetterlings ernähren sich von der wilden Weißen Fetthenne. Ohne das Abweiden durch die Schafe würde sie überwuchert und verschwände genauso wie die Falter. Die Tiere nehmen mit ihrem Fell Samen und kleine Tiere auf, die andernorts wieder zu Boden fallen, und verbreiten so beispielsweise Samen von Wildkräutern – mit denen gewürzt auch ihr Fleisch gut schmeckt! Und selbstverständlich ist für Qualität und Geschmack des Fleisches auch die Nahrung wichtig.

Die Lämmer wachsen langsam und werden bei den Eichhorns erst mit fünf bis sechs Monaten geschlachtet – und zwar vor Ort. Der regionale Genuss kommt also ohne lange Transportwege aus; Lammfleisch muss dann nicht um den ganzen Globus geflogen werden. Den Eichhorns ist wichtig, dass möglichst alle Teile des Tieres Verwendung finden. Vielen Menschen fehlt heute das Wissen, dass zum Beispiel mit Knochen eine wunderbare Brühe gekocht werden oder auch das Fleisch der älteren Tiere gut schmecken kann, beispielsweise als Pastete, zusammen mit ihrer Leber.

Im Hofladen der Schäferei ist nicht nur Lammfleisch mit dem Gütesiegel *Altmühltaler Lamm*, sondern sind auch Lammfelle erhältlich. Pfiffige Rezepte für Lammfleisch, wie hausgemachtes Lammgyros, Riedenburger Lammsackerl (Lammhack im Pfannkuchenteig) oder exotischere Rezepte wie Lammragout mit Früchten oder Curry und Banane, sind auf der Internetseite www.altmuehltaler-lamm.de gesammelt.

✑ Die bayerische Landesanstalt für Landwirtschaft hat 2015 zum Thema eine lesenswerte Broschüre herausgegeben: Jutta Kotzi / Kerstin Tautenhahn, *Lamm und Wildkräuter – ein regionaler Genuss.*

»Hopfen und Malz, Gott erhalt's« – unzählige Bierkrüge und Bierfilzl tragen diesen Spruch seit Jahrhunderten. Der Hopfen ist für den herben Geschmack des Bieres verantwortlich und trägt überdies ganz erheblich zu dessen Haltbarkeit bei. Dies mag einer der Hauptgründe gewesen sein, weshalb Herzog Albrecht IV. im Jahre 1516 das berühmte bayerische Reinheitsgebot für Bier erließ. Darin steht, dass zum Bierbrauen »allain Gersten, Hopffen und Wasser genomen unnd gepraucht sölle werden«. Zu viel Panscherei scheint es gegeben zu haben.

Die Hopfengärten jedenfalls sind in der bayerischen Hallertau, dem weltgrößten Hopfenanbaugebiet, landschaftsprägend. In einem imposanten Gebäude in der Form eines Hopfengartens ist eine einzigartige Sammlung zum Thema Hopfen untergebracht. Das Museum beschränkt sich jedoch nicht auf Bier, denn Hopfen galt von jeher als wichtige Arzneipflanze. Sie kommt in den pflanzenkundlichen Schriften der Hildegard von Bingen vor und wird als beruhigend und schlaffördernd beschrieben – auch ganz ohne Alkohol. Wer's ausprobieren möchte: Im Museumsshop kann man Hopfentee kaufen, dazu noch viel mehr rund um das Schlinggewächs, wie Hopfenbalsamico und sogar Hopfenschokolade.

Letztere führt zu den spannenden Kursen, die im Museum angeboten werden. Was man von anderen Getränken längst kennt, ist beim Bier noch recht neu, nämlich die Verbindung von Speisen und der dazugehörigen idealen Bierbegleitung. Biersommeliers lassen zum Hallertauer Biermenü verschiedene Biere verkosten und die unterschiedlichen Geschmacksnoten von Craft-Bier-Sorten erschmecken. Auch die Verbindung von Bier und Käse oder – nicht zuletzt – Bier und Schokolade ist im Angebot, ebenso wie ein Shuttleservice zum nächsten Bahnhof.

✍ »Hopfenspargel«, die Sprossen des Schlinggewächses, werden von Hand in kleinen Mengen im Frühjahr geerntet. In gehobenen Restaurants oder, für rund 40 Euro pro Kilo, direkt beim Hopfenbauern erhältlich.

Dem Schwarzen Holunder werden Heil-, wenn nicht gar Zauber-kräfte nachgesagt. Tee aus getrockneten Blüten hilft gegen Erkältung, der Saft der Beeren ebenso. Holunder enthält jede Menge Vitamine, Spurenelemente und die gesunden Phenole, die vor allem für die kräftige Farbe verantwortlich sind. Und Holunder schmeckt. Viele Köstlichkeiten entstehen aus ihm, vom Holunderblütensirup, ohne den das Kultgetränk *Hugo* nicht denkbar wäre, bis zu Essigen, Fruchtaufstrichen oder Likören aus Sambucus nigra, wie der lateinische Name lautet. Augenzwinkernd nennen die Kreitmairs daher ihren Likör aus Holunder *SambuKuss*.

Die Familie hat sich in Notzenhausen in der Hallertau dem Anbau des duftenden Strauchs zugewandt und kultiviert ihn nach Biorichtlinien, inzwischen auf stolzen fünf Hektar. Dazu kommen Johannis- oder Aroniabeeren, außerdem werden Schweine, Schafe und Geflügel gehalten. Eine hervorragende Basis also, um richtig gute bayerische Küche daraus zu zaubern, die im Gasthaus *Kreitmair* mit vielen Bioprodukten zelebriert wird. »Für unsere hausgemachten Spezialitäten gilt: Nur aus den besten Zutaten können hochwertige Köstlichkeiten entstehen«, so Christa Kreitmair, die für die Küche verantwortlich ist. Ganz nach diesem Motto legt sie sehr viel Wert auf die regionale Herkunft der Lebensmittel. Was nicht vom Hof stammt, wird von Biohöfen in der Nähe bezogen. Genießen kann man die bodenständig-bayerische Küche, bei der Salat und Gemüse nicht zu kurz kommen, beim regelmäßigen *Mittagstisch* (Termine auf der Internetseite) sowie im Biergarten. Die Spezialitäten aus Holunder und Co gibt es im Hofladen, wo neben Sirup und Likör auch allerlei Fruchtaufstriche und Essigspezialitäten angeboten werden, wie etwa der köstlich-dichte Holunderbalsamessig.

🍃 Wer sich für den Hallertauer Hopfen interessiert, nimmt an einer der Hopfenerlebnisführungen teil, die Elisabeth Stiglmaier im nahen Attenhofen anbietet.

Leidenschaft und Neugier sind gute Zutaten für Delikatessen. Und glückliche Zufälle auch. Streuobstwiesen sind schön und erhaltenswert, aber sie machen mehr Mühe, als der Verkauf des Saftes, der aus den Früchten gepresst wird, einbringen könnte.

Es war Josef Badhorn, gelernter Heizungsfachmann und Ehemann von Sofie, der zunächst aus Spaß vorschlug, man könne doch aus den Früchten der über 100 Obstbäume Schnaps brennen. Alte Sorten wuchsen dort, aromatische Äpfel vor allem. Das junge Paar ging die Sache sehr professionell an. Sofie, gelernte Arzthelferin, absolvierte eine Ausbildung zur Edelbrand-Sommelière, man überwand diverse behördliche Hürden. Das ist gar nicht so einfach, denn man braucht jemanden, der althergebrachtes Brennrecht besitzt, davon aber keinen Gebrauch macht. Glücklicherweise fanden sie einen Hof in der Nähe, der ihnen zum Brennrecht auch die Brennanlage verkaufte. Sofie machte sich ans Werk. Es dürfte wenige Betriebe geben, die mit höchsten Auszeichnungen bedacht werden, bevor das erste Produkt überhaupt erhältlich ist. Die Jungunternehmer reichten 2014 ihre ersten Destillate zur Verkostung ein und erhielten prompt zweimal Gold und einmal Silber.

Basis für die herausragende Qualität der Brände ist die rigorose Verwendung von erstklassigen Früchten. Die werden bei den Badhorns im besten Reifezustand gepflückt, sorgsam verlesen und dann perfekt weiterverarbeitet. Inzwischen sind zu den ersten sortenreinen Apfelbränden und dem ausgezeichneten Vogelbeergeist weitere hochprozentige Kreationen aus Birne, Zwetschge und Kirsche dazugekommen. Der Region Hallertau wird mit einem Hopfengeist gehuldigt. Im schönen Hofladen werden die Brände sowie Liköre, Aufstriche und einige andere Produkte rund ums Obst angeboten und auch versandt.

🖉   Die Badhorns lassen sich gerne über die Schulter schauen und erklären bei Verkostungen alles Wissenswerte über traditionelle Edelbrände.

DAS BIO-GENUSSKUNSTWERK

Scheyern – Bienenhof Pausch

82

Obstbauern brauchen Insekten, sie bestäuben die Blüten und tragen so zu einer reichen Ernte bei. Ein Kreislauf, der die Basis des »Genusskunstwerks« von Helga und Albrecht Pausch darstellt. Eingebettet in sanfte Hügel mit reichem Waldbestand liegt am südlichen Rand der Hallertau der geschichtsträchtige Ort Scheyern. Dort hat das Paar seine Vision einer ökologischen Oase mit Leben gefüllt. Mehr als 200 Bienenvölker summen unter der Obhut von Imkermeisterin Helga Pausch und sammeln Nektar für die verschiedenen Honigsorten.

Albrecht Pausch kehrte der Technologiebranche den Rücken zu und widmet sich mit Leidenschaft seinen Edeldestillaten und Gourmet-Essigen, insbesondere natürlich denen auf Honigbasis. Edelkastanienhonig- oder Lindenblütenhonig-Essig werden nicht etwa nur mit den Honigsorten aromatisiert, sondern auch aus ihnen vergoren – eine Delikatesse. Doch damit nicht genug: In der dazugehörigen Kellerei entstehen köstliche Frucht-Schaumweine. Etwa 1.500 Obst- und Wildobstbäume liefern die aromatischen Grundstoffe dafür und bieten intakten Lebensraum – nicht nur für die Bienen. In der Hof-Destillerie entstehen Edeldestillate der Spitzenklasse, neben Williams- oder Zwetschgenbrand auch seltenere Tropfen aus Schwarzen Johannisbeeren oder Quitten. Wirkliche Rarität sind Brände aus Sortenhonigen.

Auf dem renommierten World Spirits Award 2016 wurden die Pauschs für ihre Brände mit dem Prädikat *Weltklasse Destillerie* ausgezeichnet. Liköre sowie handgerüttelter Quittensekt aus traditioneller Flaschengärung runden ihr Feinkostsortiment ab. Im Hofladen darf selbstverständlich auch verkostet werden. Doch nicht nur im Hofladen sind die Produkte erhältlich. Allein in München führen 16 Feinkost- und Biogeschäfte die Erzeugnisse des Bienenhofs Pausch (aufgelistet auf der Homepage).

🖋 Ganz in der Nähe befindet sich die Benediktinerabtei Scheyern; von ihr führt ein schöner Rundwanderweg am Bienenhof und seinen Obstgärten vorbei. Informationen dazu auf der Homepage unter »Rund um Scheyern«.

GENUSS IM APFELGARTEN

Kranzberg – Hörger Biohotel & Tafernwirtschaft

83

Annette Hauser ist Köchin von Beruf, hatte lange Jahre einen Bio-Berggasthof in der Schweiz und kocht jetzt im Slow-Food-Restaurant *Orangerie* im Schloss Ziethen nördlich von Berlin. Als sie sich einmal mit dem Auto auf den Weg in den Süden machte und die Strecke nicht an einem Tag fahren wollte, suchte sie nach einer Übernachtungsmöglichkeit nahe der Autobahn, wo man auch gut essen kann. Denn eine Köchin auf Reisen möchte bei guten Kollegen in die Töpfe schauen.

Das *Hörger* stellte sich als idealer Stopp heraus, hier konnte sie ausgezeichnet speisen und traumhaft übernachten. Sie schwärmt: ein wunderschönes Hotel, tolle Architektur im alten Apfelgarten und eine Küche, wie ich sie mag. Nicht verschnörkelt und kompliziert, sondern aus frischen, regionalen Zutaten gemäß der Saison. Schlichte, aber gekonnt zubereitete Gerichte. Ihr Mann habe den Schweinebraten genossen und für äußerst empfehlenswert befunden: zart das Fleisch und knusprig die Kruste, hausgemacht die Knödel und konzentriert die Soße. Das Wiener Schnitzel stammt vom Demeter-Kalb. Das Fleisch vom Naturland-Rind wird gerne als Carpaccio oder Tatar angeboten, zum Lendensteak werden Salate serviert. Die wiederum stammen aus der eigenen Biogärtnerei, wo auch jede Menge Gemüse gezogen wird, das entweder in die Küche wandert oder im Hofladen angeboten wird. Dort kann man auch Mehl aus der seltenen Sorte Gelbweizen erwerben, das gesundes Karotin enthält, daher die Farbe.

Die Köchin ist in Ziethen für Desserts verantwortlich, ihr Lob für die Nachspeisen zählt also viel: Das hausgemachte Eis und die feinen Sorbets, zum Teil aus den Früchten des eigenen Obstgartens, schmeicheln nicht nur dem Gaumen, sondern auch den Augen, denn sie werden bei Martina und Andreas Hörger besonders schön angerichtet serviert.

🖉 Wurstwaren bezieht das Biorestaurant bei der handwerklich arbeitenden Metzgerei *Kleber* in Petershausen im nahen Dachauer Land.

GAPALADE UND GAPALINE
Garmisch-Partenkirchen – Chocolaterie Amelie

84

Wie Schokoladen- und Pralinenträume entstehen, ist bei der *Chocolaterie Amelie* kein Geheimnis. Denn sowohl vom Verkaufsraum als auch direkt von der Partenkirchener Ludwigstraße aus kann jeder den Konditoren und Chocolatiers bei der Arbeit zusehen. Von Hand und unter Verwendung ausgesuchter Rohstoffe entstehen hier Kunststücke.

Qualität beginnt – wie bei anderen Delikatessen auch – bei der Auswahl der besten Rohstoffe, allem voran natürlich der Kakaobohnen. Nur beste Sorten, vor allem die edle Trinitario, finden Verwendung. Sorgsam fermentiert und schonend geröstet entsteht die Basis köstlicher Schokolade – sei es in fester Form als Bruchschokolade mit Nüssen, Früchten oder Kaffee, oder flüssig als Trinkschokolade. Billige Zusatzstoffe wie Milchpulver oder gar künstliche Aromen sind bei Konditormeister Franz Kässer, der mit Ehefrau Irene und Sohn Linus die Chocolaterie betreibt, selbstverständlich tabu. Die Liebe zur Schokolade, die Erinnerung an die Zeit, als man in Konditoreien noch Bruchschokolade kaufen konnte, und die Lust, neue Schokoladen-Kombinationen zu kreieren, waren die Triebfeder dafür, im Jahr 2003 in die Produktion eigener Schokoladen und Pralinen einzusteigen. Ausschließlich in Handarbeit entstehen inzwischen über 100 Sorten Pralinen, Nougat, Trink- und Bruchschokoladen. Dazu kommen regelrechte Kunstwerke wie eine Almhütte, Werkzeuge oder sogar die Garmischer Olympia-Skisprungschanze und das Zugspitzkreuz aus reiner Schokolade.

Wie kreativ man hier mit Schokolade umgeht, beweisen GaPalade und GaPaline – Schokolade und Pralinen mit Alpenkräutern. So wundert es nicht, dass die Gourmetzeitschrift *Der Feinschmecker* Franz Kässer und seine Chocolaterie – benannt übrigens nach Tochter Amelie – auszeichnete.

⚜   Nach »süß« Appetit auf »herzhaft«? Ausgezeichnete bayerische Küche genießt man im Restaurant des Biohotels *Garmischer Hof,* nur zwei Gehminuten entfernt.

BAYURVEDISCHER GURU

85

Garmisch-Partenkirchen –
Restaurant im Hotel Staudacherhof

Das Hotel *Staudacherhof* liegt mitten in Garmisch und kann auf eine lange Tradition zurückblicken, denn es besteht schon über 100 Jahre. Gute Hoteliers haben ein Gespür für die Wünsche der Gäste, greifen Trends auf und entwickeln ihr eigenes, besonderes Konzept. So auch Familie Staudacher, deren Motto lautet: »Stolz sein auf die Tradition, aber stets mit der Zeit gehen.«

Und die Zeit war reif für kreative, gesunde Küche, die Freude bereitet. Auf der Suche nach Inspiration wurde Chefkoch Sascha Horst in Bad Reichenhall fündig. Dort bietet Andreas Hollard, ebenfalls Koch von Beruf, Kurse zur ayurvedischen Küche an; deren Ziel ist die Harmonie von Körper, Geist und Seele. Eine spezielle Ernährung unterstützt dieses Bestreben. Ayurvedische Mahlzeiten enthalten alle sechs Geschmacksrichtungen: süß, sauer, salzig, herb, bitter und scharf – immer im richtigen Mischverhältnis. Das geht auch mit hiesigen Zutaten, also bayerische Schmankerl, ayurvedisch inspiriert.

Ausgezeichnet und nachahmenswert sind beispielsweise die Bayurvedischen Semmelknödel, wo zusätzlich zu den indischen Gewürzen das heimische Wildkraut Brennnessel Verwendung findet. Man zerlässt Butterschmalz (das indische Ghee ist nichts anderes!) in einem Topf, gibt Zwiebelwürfel und klein geschnittene Brennnesselspitzen hinein, gießt mit etwas Milch auf und fügt Chili, Kreuzkümmel sowie Kurkuma zu. Die gewürzte Milch gibt man über das Knödelbrot, fügt Eier hinzu und schmeckt mit Salz ab. Wer mag, kann die Knödel dann vitaminschonend dämpfen. Auch ganz normale Spätzle werden durch Zugabe von den typischen Gewürzen Ingwer, Muskatnuss und Kurkuma zu einer bayurvedischen Köstlichkeit. Doch Wild, Salate und viel frisches Gemüse kommen auch – perfekt zubereitet – ohne indischen Einschlag auf den Tisch.

℘ Wenige Kilometer weiter südlich, in Klais an der Straße nach Mittenwald, bietet der Hofladen *Beim Schweb* Lammspezialitäten aus eigener Schäferei und Schlachtung sowie Wild.

SO SCHMECKEN DIE BERGE

Mittenwald – Mary's MarmeLaden –
Die Feinkostmanufaktur

86

Es dürfte wenige Produzenten von Köstlichkeiten geben, wo Hobby, Leidenschaft und Beruf so eng zusammenliegen wie bei Mary und Udo Schönthaler. Denn Udo liebt die Berge und auch das Mountainbiken. Mit seinem Radl zieht er los und kehrt mit vollen Packtaschen und gefülltem Rucksack nach Hause. Er sammelt Fichtensprossen oder Schlehen, Waldbeeren oder Kräuter. Aus denen, und zwar nur und ausschließlich aus denen rund um Mittenwald, entsteht zum Beispiel der *Mittenwoida,* ein würziger Kräuterlikör, der gar nicht pappig, sondern fein und ausgewogen schmeckt.

Die Feinkostmanufaktur heißt aber nicht umsonst *MarmeLaden,* denn selbstverständlich gibt es dort Fruchtaufstriche und Gelees aus Gänseblümchen, Löwenzahn, Fichtenspitzen, Rotklee, Schlehen, Holunder, Kornelkirschen und Walderdbeeren. Doch es bleibt nicht bei Likör und Süßem. Mit großer Kreativität und Sorgfalt zubereitet, bereichern Würzsalze (mit Brunnenkresse und sogar Schlehen!) und diverse Soßen aus Kräutern, die sehr gut zu Käse passen – zum Beispiel zum Ziegenkäse der nahen Goas-Alm (Beitrag 88), – das Angebot. Aus der Milch der Goas-Alm fertigen die Schönthalers Ziegenmilchkaramell als Aufstrich besonderer Güte. Eher vertraut mögen Produkte wie Holunder-, Rotklee- sowie Mädesüßsirup oder Bärlauchpesto klingen, doch was *Bayerisches Olivenöl* darstellt, muss erklärt werden.

Dahinter verbirgt sich im Prinzip das gute alte Butterschmalz aus Omas Küche. Vor lauter Angst vor Cholesterin hat man ganz vergessen, so Experten, dass Butter jede Menge Vitamine enthält und außerdem wunderbar schmeckt. Tipp von den Schönthalers: das Bayerische Olivenöl auf gedünstetem Gemüse, Schlutzkrapfen oder Knödeln schmelzen lassen. Hierfür wird es auch mit Knoblauch oder gar mit Vanille versehen angeboten. Letzteres passt hervorragend zu Fisch.

🖉 Ergänzend zu den eigenen Produkten führen die Schönthalers auch Artikel aus der Solidargemeinschaft *Werdenfelser Land,* darunter Erzeugnisse aus Schafswolle.
www.werdenfelser-schafwolle.de

DAS MARKTRESTAURANT /// DEKAN-KARL-PLATZ 21 ///
82481 MITTENWALD /// 0 88 23 / 9 26 95 95 ///
WWW.DAS-MARKTRESTAURANT.DE ///

BRAUEREI MITTENWALD /// INNSBRUCKER STRASSE 13 ///
82481 MITTENWALD /// 0 88 23 / 10 07 ///
WWW.BRAUEREI-MITTENWALD.DE ///

EIN STERN BELEUCHTET DIE BERGE
Mittenwald – Das Marktrestaurant

87

Ein Stopp in Mittenwald lohnt sich in vielerlei Hinsicht. Man fühlt sich – schon oder noch – wie im nördlichen Italien. Die Häuser ähneln denen in Bozen, die alte Handelsstraße von München über Benediktbeuern, den Walchensee und Mittenwald nutzte schon Goethe auf seiner *Italienischen Reise.* Wer mag, kann das schöne Geigenbaumuseum und das historische Zentrum besichtigen.

Genießer sollten unbedingt etwas Zeit für einen Stopp im *Marktrestaurant* von Andreas Hillejan einplanen. Er stammt vom Niederrhein, doch gottlob zog es ihn in den Süden. Er kocht nach der Philosophie der Jeunes Restaurateurs d'Europe: frisch, saisonal, peppig, auf hohem Niveau und mit vielen regionalen Spitzenprodukten. Die sind die Basis seiner kreativen *Karwendelküche,* denn die Zutaten stammen zu einem großen Teil von bäuerlichen Betrieben aus der direkten Umgebung wie das Werdenfelser Lamm, Brot oder Gemüse und natürlich Milchprodukte. So wird auch ein Kräuterquark zur Delikatesse. Er komponiert regionale, den Jahreszeiten entsprechende Alpenmenüs mit deutlichem Blick nach Süden. Im Sommer etwa kommt ein erfrischendes Tomatensorbet mit Olivenchips oder rosa gebratenes Werdenfelser Lamm mit Olivensalz auf den Tisch.

Hillejan und seine Frau Nancy Paul sind leidenschaftliche Gastgeber, der Service ist freundlich, locker, unkompliziert. Wer Teile eines Menüs auslassen will: kein Problem. Man stellt sich mit Hingabe auf die Bedürfnisse der Gäste ein. Gastfreundlich im wahrsten Sinne des Wortes ist nämlich das Konzept des Restaurants: Köstliche Bistroküche gehört ebenso zum Angebot wie günstige Mittagsmenüs und natürlich exquisite Sternemenüs. Kein Wunder also, dass regionale und internationale Genussführer beste Noten geben, 2017 gekrönt vom ersten Stern des ehrwürdigen Guide Michelin.

🍺 In Mittenwald befindet sich Deutschlands höchstgelegene Brauerei, die neben klassischen Biersorten auch das *Hopfala,* eine Limonade mit Hopfen, herstellt.

GOAS-ALM /// BUCKELWIESEN 5 /// 82481 MITTENWALD ///
0 88 23 / 25 73 /// WWW.GOAS-ALM.DE ///

NICHTS ZU MECKERN
Mittenwald – Goas-Alm

88

Die »Goas«, die Ziege also, sei die Kuh von armen Leuten – so zumindest heißt es in einem Volkslied. Warum Ziegen so einen schlechten Ruf hatten, ist einerseits schnell erklärt: Ziegen geben nicht besonders viel Milch, im Durchschnitt rund 600 Liter pro Jahr. Auch bevor die modernen Turbokühe gezüchtet wurden, waren Bauern, die mehrere Kühe besaßen, auf jeden Fall bessergestellt. Vorteil der Ziegen ist allerdings: Sie sind genügsam und im Prinzip leicht zu halten. Die Tiere sind kontaktfreudig und – vom Ziegenbock abgesehen – durchaus zum Bestücken eines Streichelzoos geeignet.

Familie Sailer lebt schon seit den 1950er-Jahren auf der Alm zwischen Mittenwald und Krün, von malerischen Buckelwiesen umgeben. Den Gästen der Ferienwohnungen gefielen die Tiere, die Adi Sailer, so wird berichtet, eines Nachts nach Hause brachte. Der schwindende Milchpreis von Kuhmilch tat sein Übriges, so dass man auf dem Hof vor der herrlichen Bergkulisse schließlich ganz auf die Haltung von Ziegen umstellte. Gut 40 Muttertiere begrüßen inzwischen die Gäste mit ihrem fröhlichen Gemecker, und im Sommer kommen die munteren Zicklein dazu.

Gabi Sailer erlernte die Herstellung von Käse und fertigt inzwischen mehrere Sorten frischen und gereiften Ziegenkäse, mit Kräutern und im Herbst gar mit Waldpilzen aromatisiert. Außerdem gibt es köstlichen Ziegenmozzarella. Den Käse kann man sich bei einer Brotzeit, die vornehmlich aus regionalen Produkten besteht, vor der herrlichen Bergkulisse und an der frischen Bergluft schmecken lassen oder im Hofladen zum Mitnehmen erwerben. Besonderheit für Kinder und Schleckermäuler: Aus der Milch der Ziegen werden nicht nur Käseprodukte, sondern auch mehrere Sorten Eis hergestellt. Außer Ziegenmilch enthalten sie ebenfalls nur reine Natur.

🐐 Auf dem Blog der Alpenwelt Karwendel erfährt man jede Menge Hintergrundgeschichten über die Alm und über die Bergwelt. erlebniswelt.alpenwelt-karwendel.de

BILDVERZEICHNIS

Sofern hier nicht anders genannt, stammen sämtliche Bilder von der Autorin Heike Hoffmann:
Haderner Bräu München 12; Der Pschorr 14; Hofbräuhaus-Kunstmühle 16; Drax-Mühle 18; Chiemgaukorn/Holger Riegel 22; Camba Bavaria 24; Eva-Maria Schröder 26, 28, 46; Confiserie Reber/Werner Harrer 30; Bergrestaurant Predigtstuhl 32; Herrmannsdorfer Landwerkstätten Glonn GmbH & Co. KG 36; Brauerei Aying/Simon Koy 38; www.biohotels.info_alterwirt 42; Landgasthof Rittergütl 44; www.biohotels.info_oberambach 48; Postgasthof Hofherr 50; Landhotel Moarwirt/Florian Lechner 54; Kloster Reutberg 56; BioGut Wallenburg 58; Lantenhammer 60; SOS Design/Fotografie Markus Traub 62; Tegernseer Tal Tourismus GmbH/Christoph Schempershofe 64, 66, 72, 74; Haubentaucher 70; Hirschkuss/Daniel Schvarcz 78; Tölzer Kasladen 80; Archiv Tölzer Land Tourismus/Fotografie + Journalismus Lisa u. Dr. W. Bahnmüller 82; Backhaus Cramer 84; Seerestaurant Alpenblick/Rudi Meissner 98; Weißbierbrauerei Karg/C. Kolb 100; Ähndl/Ralf Krein 102; Klostergut Schlehdorf 104; Kochler Stuben/Michael Dorn 106; Landgasthof Osterseen 114; Haus am See/Dr. Manfred Kerscher 116; Pfefferminzmuseum 118; Münchner Kindl/Simon Gehrig 120; Cordula de Bloeme 124; Goldener Stern 146; Madavanilla 158; Stadt Schrobenhausen 160; Zum Klosterbräu/CAP GbR 164; Schäferei Eichhorn 166; Deutsches Hopfenmuseum Wolnzach/Wolfgang Englmaier 168; Biohof und Gasthaus Kreitmair 170; Schaubrennerei Badhorn 172; Albrecht Pausch 174; Chocolaterie Amelie 178; Staudacherhof 180; Mary's MarmeLaden 182; Das Marktrestaurant 184; Alpenwelt Karwendel/Goas-Alm, Fam. Sailer 186

Hampp,
Bayern erlesen!
978-3-8392-2289-8

BÜCHERSCHATZSUCHE Bayern ist ein Bücherland. Große Literaten lebten hier, darunter Thomas Mann und Bertolt Brecht. Geschichtsträchtige Städte wie Nürnberg und Augsburg zählten zu den Hochburgen des Buchdrucks und auch eines der frühsten poetischen Zeugnisse in deutscher Sprache entstand im Freistaat. Der Autor Bernhard Hampp führt auf einer Reise durch Bayern zu Dichterstätten, Büchermärkten sowie einem Schloss voller Kinderbücher und stellt auf unterhaltsame Weise einen Mann mit Eselsohren sowie ein rätselhaftes Findelkind vor. Eine Region zwischen zwei Buchdeckeln – die schönste Art, das Leseland Bayern zu erkunden.

KULTUR

GMEINER

WWW.GMEINER-VERLAG.DE
Mensch, Kultur, Region

LIEBLINGSPLÄTZE
AUF EINEN BLICK

ALLE LIEBLINGSPLÄTZE FINDEN SIE
UNTER WWW.GMEINER-VERLAG.DE

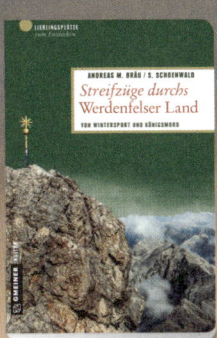

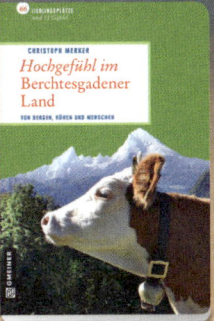

ROMANE AUS DER REGION

Gerwien,
Andechser Tod
978-3-8392-1595-1

Naumann,
**Der Abend
kommt so schnell**
978-3-8392-2199-0

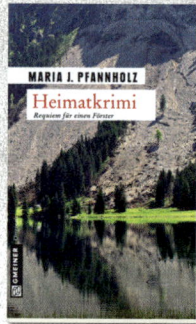

Pfannholz,
Heimatkrimi
978-3-8392-1534-0

Schröfl,
Altherrenjagd
978-3-8392-1923-2

Seidl,
**Wer mordet
schon in Ober-
bayern?**
978-3-8392-1781-8

Vöhringer,
**Das Ludwig
Thoma Komplott**
978-3-8392-2294-2

GMEINER SPANNUNG

WWW.GMEINER-VERLAG.DE
Wir machen's spannend